大数据制胜

数据驱动型企业成为行业领导者和创新者之路

[美] Tho H. Nguyen◎著
王燕爽◎译

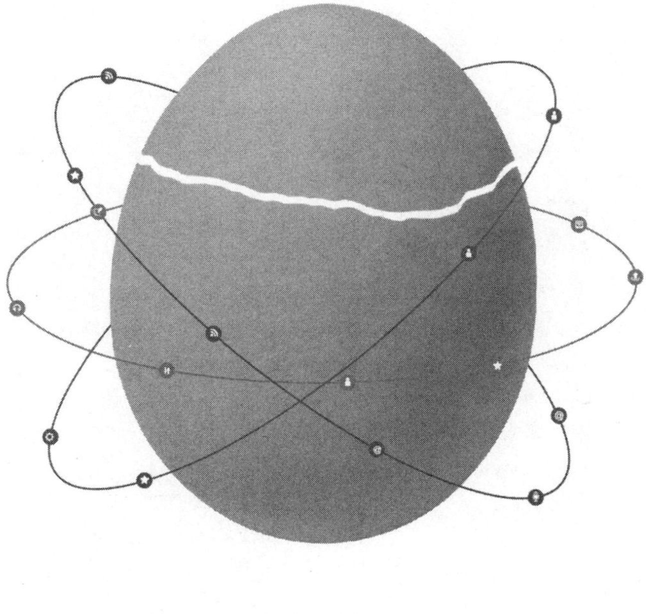

人民邮电出版社
北京

图书在版编目（CIP）数据

大数据制胜 : 数据驱动型企业成为行业领导者和创新者之路 / (美) 阮友寿 (Tho H. Nguyen) 著 ; 王燕爽译. -- 北京 : 人民邮电出版社, 2017.10
（新信息时代商业经济与管理译丛）
ISBN 978-7-115-46583-2

Ⅰ. ①大… Ⅱ. ①阮… ②王… Ⅲ. ①企业管理一数据管理一研究 Ⅳ. ①F272.7

中国版本图书馆CIP数据核字(2017)第228036号

版权声明

◆ 著　[美] Tho H. Nguyen
译　王燕爽
责任编辑　李　强
责任印制　彭志环
◆ 人民邮电出版社出版发行　北京市丰台区成寿寺路 11 号
邮编　100164　电子邮件　315@ptpress.com.cn
网址　http://www.ptpress.com.cn
大厂聚鑫印刷有限责任公司印刷
◆ 开本：700×1000　1/16
印张：12.25　2017 年 10 月第 1 版
字数：200 千字　2017 年 10 月河北第 1 次印刷
著作权合同登记号　图字：01-2016-8289 号

定价：59.00 元

读者服务热线：(010) 81055488　印装质量热线：(010) 81055316
反盗版热线：(010) 81055315
广告经营许可证：京东工商广登字 20170147 号

献词

谨以此书献给 Ánh、Ana 和我的家人，他们为此书的出版献出了无数个宝贵的夜晚和周末。

致谢

首先，我想向这本书的读者表示感谢，感谢他们对本书所表现出的兴趣，感谢他们为成为行业内的领导者和创新者所做的努力。我很荣幸能够投身到利用技术和科学来改变世界这项崇高的事业中来，科学技术不仅可以帮助我们消除饥饿，还能推动教育的发展，促进社会变革。

在本书的创作过程中，我得到了很多人真诚的帮助。我要感谢我的同事们，以及来自世界各地的客户，如果没有他们的支持和指引，这本书将永远不会问世。我要特别感谢天睿公司和赛仕软件公司的朋友，谢谢他们鼓励我创作本书，帮助我考证数据方面的专业术语，并努力让本书简单易懂，确保即使是非专业的读者也能轻松阅读。

其次，我还要感谢那些逐章逐节、逐字逐句地审阅本书的人，在此我要特别感谢 Shelley Sessoms、鲍勃 · 梅西和保罗 · 西格尔。他们试图通过一页页满是专业术语的文字揣摩我的思想，并将其重新表达出来，这是一项艰巨的任务。这项工作他们完成得相当漂亮，也很高效，感谢他们的耐心。他们真诚的反馈，让我有机会对这些文字进行调整，使其更加严谨准确。

另外，我要衷心感谢这些年我接触过的营销人员、IT 人员和商业人士。谢谢他们对我的接纳，帮助我学习，是他们赋予了我撰写本书的想法和观点。最后，我要感谢我的家人（Nguyen 一家和 Dang 一家），还有圣方济各圣公会的资助和扶轮社（琼斯一家和维尔一家），如果没有他们，就没有我今天所取得的成就。感谢我的妻子和女儿，她们是我此生挚爱，是我的生命之光。

作者简介

Tho Nguyen 1980 年来到美国，和他一同来到美国的还有他的父母、六位姐妹和一位兄弟。Tho 随后受北卡罗来纳州格林斯博罗市圣方济各圣公会的资助，并获得来自美国家庭的帮助和支持，在他们的指导下学会了英语，从此他开启了在美国的精彩生活。

Tho 取得了北卡罗来纳州立大学计算机工程学院的理学学士学位，并获得了英国布里斯托大学国际贸易学院的工商管理学硕士学位。在硕士就读期间，Tho 先后访问过法国国立桥路大学、香港大学和加州大学伯克利分校。Tho 还曾担任过扶轮社的学者大使，这一经历加深了他对世界的认识。

在信息科技领域从业 18 年以来，Tho 同世界范围内的科技合作伙伴、研发人员和客户建立了紧密的合作关系，在数据分析、数据存储和数据管理方案方面，为客户提供增值的商业方案。得益于其在技术和商业领域的工作背景，Tho 获得了在产品管理、全球营销以及商业联盟和战略管理方面的广泛经验。Tho 目前在国际数据分析研究所担任教职员，活跃于各种学术会议，同时撰写数据管理和分析方面的博客。

业余时间，Tho 喜欢和家人待在一起，喜欢旅行、跑步和打网球。此外，他还是一位不折不扣的美食家，希望尝遍世界各地的美食。

序

我从 2001 年就开始从事高级分析（Advanced Analytics）方面的相关工作了，这些年见证了高级分析的不断发展和成熟。最初的时候，只有银行借助预测性分析（Predictive Analytics）进行风险管理，而现在，所有行业的公司都在使用预测性分析。借助高级分析来管理客户旅程（Customer Journey）现在也成为一种主流，尽管需要分析的数据量在以爆炸式的方式增长，高级分析发展和部署所需的时间依然在不断缩短，由最初的几个月缩短到现在的几秒钟。领域中的领头企业都把数据分析看作是公司的一项核心竞争力，而不只是一个单点解决方案（Point Solution），领域革新者把数据当作是未来创新的源泉。如何向数据驱动型（Data-driven）企业转变，并借助数据分析取得成功，已经成为每个企业管理者的必修课。要实现企业数据驱动型的转变，达到分析创新的目的，就需要制订一个切实可行的实施计划，很多相关书籍可以为计划的制订提供重要指导，其中就包括 Tho 所写的系列书籍。

Tho 和我相识于几年前，我们当时同在国际数据分析研究所（International Institute for Analytics）担任教职员工，并合作了教授分析课程。我们对分析技术和方法都有着浓厚的兴趣。数据分析的应用对各个行业不同规模的企业的发展起到了推动作用，同时，为企业解决相关的数据需求提供了帮助。

所有的企业和机构都拥有数据，而且在我们所生活的这个时代，这些企业和机构还会产生和公布越来越多的数据。而且数字化渠道和设备越来越多，也会产生更多的数据，其中包括客户信息、合伙人信息、供应商信息，甚至是我们的设备信息。政府和第三方所公布的数据越来越多，市场和各种应用程序界面（API）也在为我们提供更多的数据。相应地，我们存储和分析文本、音频、图片和视频数据的能力也随之增强。这些不断增加的数据让我们的数据基础设施达到了上限，但同时也推动了很多新技术的应用，包括数据库分析技术（In-database analytics）、内存分析技术（In-memory analytics）以及 Hadoop 技术（开发和运行处理大规模数据的软件平台）。但是仅仅具备存储和管理数据的能力是远远不够的，要获得成功，我们还需要借助数据来更好地决策。这也就意味着，我们需要理解数据，分析数据，并对获得的数据见解进行部署，即我们需要具备充分利用数据的能力。这些新技术要想发挥其价值，就必须与端对端数据和数据生命周期分析相融合。

多年来，我接触到的借助数据分析来改善公司决策制定的企业多达数百家，我本人也给上千人培训过，帮助他们获得应用分析技术所需要掌握的相关知识和技能。根据我的个人经验，如果企业能够利用数据推断出相关事项的可行性，在做决策的时候，尤其是有关企业日常运营的相关决策方面，企业就能够保证思想统一，从而做出更加稳妥缜密的决策。以数据为基础的决策制定方法在企业革新方面可谓是首屈一指，然而要让分析性决策发挥作用，为企业带来创新，就需要坚持数据生命周期分析的一贯方法，坚持有效应用数据管理和分析技术。

在本书中，Tho 为我们介绍了要实现以数据为驱动的分析创新所需要的数据生命周期分析和相关技术。Tho 首先为我们介绍了数据生命周期分析、从数据探索到数据准备的过程、分析模式的发展，以及数据在企业决策中的部署，包括如何借助分析将数据转化为具有战略意义的见解。这些介绍为后面章节奠定了基础，Tho 在之后的章节里重点介绍了企业管理和使用数据所需要的重要相关技术。每项技术都在数据生命周期的恰当位置进行了详细分析介绍，同时又辅之以真实的案例做支撑。

在把数据库处理以及高级分析同数据库或数据仓库相融合之后，企业就可以对数据进行就地分析了。数据就地分析不仅省去了数据搬运所需的时间和成本，而且可以在有限的工作时间内分析更多的数据。其结果就是，在提高了分析准确性的同时，也减少了分析所需的时间。

而内存分析技术则可以快速应对复杂的分析问题，从而减少数据分析所需的时间。分析速度加快后，就可以实现更多的迭代次数，获得更多理解数据的途径和提高有益见解的可能性。另外，分析速度提高以后，还可以分析处于快速变化中的流动数据，无须花费时间等待数据先被存储后再进行分析。

Hadoop 大数据生态系统也可以比以前收集和管理更多的数据（包括结构化数据和半结构化数据）。企业之前会把那些认为价值过低的数据处理掉或者存放起来，现在他们可以以较低的成本来存储这些数据了。Hadoop 与传统的数据存储技术相结合，可以帮助企业以更加灵活和广泛的方式来管理数据。

在最后描述协作数据架构和有效生命周期的时候，作者又把这些新分析方法与部分传统的分析技术结合起来进行整体回顾。本书最后一章探讨云计算、网络安全、物联网（IoT）、认知计算以及“一切皆服务”的业务模式转变对数据和分析所产生的影响。

如果你也是上述领域的从业者，或者是IT技术人员，且正在学习如何利用数据来为企业带来创新，成为行业内的领先者，那么你首先需要了解数据管理和分析过程的相关内容，才能利用数据获得成功。本书可以为你提供数据管理和分析的概况，通过一些最佳实践案例介绍，向你展示在现实生活中，企业是如何借助数据取得成功的。

詹姆斯 • 泰勒

詹姆斯 • 泰勒是Decision Management Solutions公司的CEO兼首席顾问，同时也是国际数据分析研究所（International Institute for Analytics）的教职员工。詹姆斯是*Decision Management Systems: A Practical Guide to Using Business Rules and Predictive Analytics*（IBM Press, 2012）一书的作者。另外，他还与Neil Raden和Tom Debevoise分别合著了*Smart*（*Enough*）*Systems*（Prentice Hall, 2007）和*The Microguide to Process and Decision Modeling in BPMN/DMN*。詹姆斯是一位在世界范围内都比较活跃的顾问、教育家、演讲家和作家。詹姆斯现居美国加利福尼亚州的帕洛阿尔托市。

前言

我从 1998 年开始从事数据管理和分析方面的相关工作，自我进入到该行业工作以来，数据管理和分析已经发生了翻天覆地的变化。首先以拍字节（Petabytes）为存储单位的数据量正在以超乎我们想象的速度急剧增加。其次，我们现在收集的数据种类也比以前有所增加，主要是结构化数据和半结构化数据。最后，我们获取数据的速度也在快速增加，对数据更新频率的要求已经提高到了每天甚至是每小时。希腊哲学家赫拉克利特在几个世纪前就曾说过这样一句至理名言：“唯一不变的就是改变。”

为什么要阅读本书

自“大数据”时代兴起以来，数据管理、处理和分析的方式已经发生了重大改变。但不管我们管理和分析数据的方式如何变化，数据最终的目的都是要给决策的制定者提供所需的相关信息。数据的这一终极目的无疑给我们带来了众多挑战，但同时也给我们创造了多种机遇，让我们可以借此去探索和应用新的革新性技术，从而为企业管理和分析数据提供支持。现在就让我们开启本书的阅读之旅吧。

我出席过很多会议，有幸与来自企业和 IT 行业的众多专业人士分享我的经验，同他们交流如何利用相关技术来更加有效地管理数据，从而创建更加合理的数据生命周期。我从客户那里掌握了他们在数据分析方面所遇到的各种问题，也了解到他们是如何借助灵活的数据分析技术来推动企业创新，从而让企业具备更加有利的竞争优势。以下是最常见的主要问题。

■ “我应该如何把数据管理和分析过程整合到一个统一的环境，从而让整个过程更加高效呢？”

■ “为分析准备所需的数据需要花费好几天甚至几周的时间，我根本没有那么多时间。”

■ “我的分析过程需要几天甚至几周的时间才能完成，等分析过程结束了，信息也过时了。”

■ “我的员工在战术性数据管理任务上花费太多时间了，以致没有足够的时间用于战略性分析探索。”

■ “有什么办法可以解决员工因为工作没有挑战性而离职的问题呢？”

■ “我的数据太分散了，到处都是。进行数据分析的时候，我应该参照哪些最新数据呢？”

我的一位编辑朋友联系到我，希望我根据这几年在各种演示和白皮书中所表达的观点，撰写一本书，介绍如何利用我所提到的观点来获取成功。我们花费了几个月的时间，整理摘要、大纲，组织章节，最终决定出版此书，书中每个章节都会介绍相关的企业成功案例。我编写本书的主要目的如下。

■ 向读者介绍：在一个有凝聚力的环境中，我们可以借助哪些创新性技术，帮助企业将数据管理和数据分析整合在一起。

■ 在面对重大数据挑战的时候，那些走在最前端的企业借助和使用了哪些技术。

■ 介绍各个领域内的企业案例和成功经验，包括零售、银行、电信、电子商务和交通。

不管是企业管理者还是 IT 人员，想必你都会对现实世界中的最佳实践和使用案例感兴趣，并对书中的这些实践和案例加以应用。书中提到的最佳实践都为企业管理者提供了以数据为驱动的见解，帮助他们更快地进行决策。

能够有机会编写此书，我感到很荣幸。尽管我很期待通过本书，与其他 IT 人员和企业管理者分享我的经验和企业成功案例，但同时也存在以下两点顾虑。

■ 本书出版的时候，书中所谈论到的技术是否还依然具有创新性，是否能够继续为企业管理者提供帮助？

■ 我应该如何为企业创新者和领导者提供他们需要的价值？

“客户互动”（Customer Interactions）对我来说很重要，也是我工作中的一个重点。我跟世界各地的客户交流过，努力去了解他们企业的问题，并给他们推荐合适的技术和恰当的解决方案。我也曾到世界各地去走访，向客户和潜在客户介绍市场上最新的技术，同他们分享那些走在领域前沿的企业是如何利用这些技术来增强自身竞争力，成为统一环境下管理数据和应用数据分析的领导企业的。在介绍本书的详细内容之前，我想先介绍一下本书的主题和书中提到术语的定义，同时介绍一下在竞争激烈的全球经济环境中，需要借助前瞻技术才能维持自身发展的特殊行业的发展趋势。本书的两个主题是：数据管理和分析，以及如何将两者整合在一起来促进最佳操作、业务发展和企业管理。

相关定义

“数据管理”（data management）一词已经出现很久了，多年来，这一术语也被翻译出了多个流行版本。不过，为了方便说明，我这里选择了“数据管理”，这也是本书的基础所在。根据我的个人定义，数据管理是指数据获取、整合和存储的过程。数据管理通常与 ETL（extraction、transformation 和 load，即提取、转换和加载）过程相关联，为数据库准备数据。ETL 过程已经深深地融入数据管理的大环境之中。ETL 过程的终极目标是要为数据分析者提供可靠、及时的数据。

“分析”（analytics）的释义也有很多版本，而且我们对“分析”的重视程度还在不断增加。“分析”一词开始流行于 20 世纪 90 年代，当时已经有很多行业内的企业意识到了分析的重要价值，并开始通过分析数据来解读过去、现在和未来的发展趋势。广义上的“分析”已经成为各种不同行业内通用的一个术语。根据美国咨询公司高德纳的解释，“分析”是指通过对分散的、整合的统计和数学数据的描述，来解读过去、现在和未来的发展趋势。[1] 借助分析探索数据的意义，这已经成为关联 IT 和企业的重要桥梁。结合我从客户方面了解到的情况，我把“分析”定义为：通过对大量数据进行分析来获得对企业业务的了解，并以此帮助制定以数据为驱动的决策，从而达到增长业务或改善企业结构的目的的过程。

行业发展趋势和面对的挑战

前面介绍了“数据管理”和“分析”的定义，接下来我们了解一下 IT 行业的发展现状，以及面临的相关挑战。

■ 数据本身就是一种资产和核心竞争力：《福布斯》上的一项研究也认同“数据本身就是一种资产和核心竞争力”的说法。[2] 就 IT 整个行业来说，我们拥有的数据很丰富，但是我们的知识却很匮乏，因为企业根本无法充分解读他们所收集到的数据。对于我们所收集到或者可以获取的数据，我们的分析解读也都只停留在表面。此外，对数据分析能力的要求也日趋复杂，很多企业都不具备分析数据的有效基础设备和工具。随着数据量的不断增加，我们必须要具备管理和分析大数据所需的基础条件。

■ 分析即为一切：对数据进行实时分析，可以帮助公司上至 CEO 下至工厂操作工等各级员工制定以数据为驱动的决策。根据 TechRepublic 近期的一项研究，70% 的受访者借助某种形式的分析来更好地工作和决策。不管是创建新的业务分支还是增设新的产品线，决策的正确与否对企业都有着深远影响，决定着企业的成败。由于现在的业务更加个性化，目标性和开放性也更强，企业的决策也就需要更加具体和透明，并且要基于既定事实（以数据为驱动）。也就是说，企业的所有决策都必须遵循相应的法律法规，并能够体现出恰当的风险管理。

■ “当下”的因素：企业成功所必须具备的“X 因素（未知因素）”似乎已经明朗了，那就是要具备为消费者尽快提供他们所需产品和服务的能力。例如，零售业目前就面临着“当下”这一因素的挑战。单靠绝对低廉的价格和优质的服务已经无法成功吸引到消费者了。企业必须能够在消费者需要的时候，立即满足他们的要求，包括产品的颜色和尺寸等，这才是吸引和维系客户的关键所在。如果企业能够提供满足消费者当下要求的产品，他们是很乐意出高价购买的。《福布斯》一项针对零售业的调查显示，58% 的受访者表示他们更看重产品的即时性而不是价格，且有 92% 的人表示，如果企业不能立即提供他们所需的产品，他们是不愿意花时间等待产品上架的。企业不仅要想方设法超越竞争者，还要和消费者分享产品和服务到位的信息。

上述挑战和机遇已经成为所有行业所面临的问题了。根据我的客户情况，以下 3 方面是他们所面临的最大挑战。

■ 数据库性能：如果数据库架构达不到数据量所需的要求，就无法充分处理所有的数据集，也不能有效完成对数据的挖掘、分析和可视化。

■ 分析能力：由于获取数据和准备数据所需的时间过长，分析人员往往把精力都放在了数据获取上，从而忽略了对数据进行战略和战术性分析的任务。此外，很多企业还无法根据经济的变化，快速地创建和处理复杂的分析模式。

■ 数据质量和整合：当下数据的种类、独立的数据集和本地化数据的数量过多，导致我们无法准确地了解数据的具体数量和类别。一旦数据的位置和/

或管理方式发生改变，数据的质量就不再可靠。而一旦数据质量遭到了质疑，分析结果就变得不再确定。

数据是所有企业的战略资产，可以为企业的运营性和战略性决策提供信息依据。但是鉴于我们从网站、社交媒体、移动设备和传感器等设备上收集数据的种类越来越多，收集数据的速度也越来越快，数据量正在以指数方式快速增长。在不到 24 个月的时间里，我接触过的所有客户，他们所拥有的数据量都已经增加了一倍，这已经远远超过戈登 · 摩尔在 50 年前年做出的摩尔定律的速度了（根据摩尔定律，集成电路上可容纳的晶体管数量每 24 个月就会增加一倍）。随着信息领域变化速度的不断加快，企业也在寻找最新的技术，来满足他们在 IT 和业务发展方面的需求，帮助他们把所遇到的挑战转化为可以促进企业发展，增加利润的机遇。而我深信，当前出现的新技术，如数据库内处理技术、内存分析技术和正在兴起的 Hadoop 技术，都可以帮助企业应对来自大数据管理方面的挑战，帮助他们借助数据分析来发掘新的发展机遇，通过把数据管理和综合分析相结合，提高投资回报率。

谁需要阅读本书

本书可以帮助商业人士和 IT 专家学习数据分析方面的创新技术，帮助他们了解他们的同行是如何在工作中取得成功的；帮助商业分析人员为企业的不同部门提供更加精确睿智的分析见解；帮助数据科学家探索数据分析的新途径；还可以帮助企业经理、主管和管理者借助数据分析，来制定以数据为驱动的决策，从而促进业务的发展，增加企业收入。

推荐以下从业人员阅读本书。

- 执行经理，包括首席执行官（CEO）、首席运营官（CFO）、首席战略官（CSO）、首席营销官（CMO）以及其他希望借助创新性分析技术，提高企业效率，实现战略目标的公司管理层领导。
- 见证了新技术的发展并希望将其引入到公司的企业管理人员。
- 希望把新理念和新技术介绍给企业的销售经理和会计主管。
- 为领导团队决策制定提供分析数据和信息的业务分析人员、项目经理等业务人士。
- 管理数据，确保数据质量和整合、提供分析数据的 IT 专业人员。

如果你希望借鉴他人的成功经验，改善公司的数据管理和分析过程，并通过直接应用数据分析来探索新机遇，那么本书就是你的首选。

如何阅读本书

读者可以按照章节的先后顺序，从前往后阅读。本书的布局按照儿童学步的正常顺序，从爬行、行走、疾走，再到奔跑，依次排列。不过，如果读者对数据库内处理技术、内存分析技术和 Hadoop 技术的概念已经有所了解，也可以跳过前面的章节，直接阅读读者最为关心的章节。如果读者对上述概念都不甚熟悉，那么我还是建议读者从第 1 章开始阅读，因为第 1 章重点介绍了数据分析的生命周期和数据转变为有益信息和见解的历程。紧接着在第 2 ～ 4 章（爬行、行走和疾走阶段）中，读者可以了解如何把具体的技术应用到数据分析中去。第 5 章（跑步阶段）则把所有的因素都整合到了一起，同时帮助读者了解各项技术是如何帮助企业管理大数据和高级分析的。第 6 章讨论了数据管理和分析领域最受关注的 5 个话题，同时分析了未来技术的发展。每个章节的主要内容和关注重点见表 1。

开启本书的阅读之旅

企业最重要的资产是客户，而仅次于客户的宝贵资产就是数据，企业可以利用数据来吸引、维系客户，并同客户进行互动，从而达到增加收入的目的。我所接触过的所有企业都拥有大量的数据，这些数据就如同是从四面八方汇聚入海，不仅渠道多样，而且来源广泛。数据无处不在，只要眼睛能看到的地方就存在数据！你的数据库时时刻刻都在接收着汹涌而至的数据。现在就让我们了解一下，如何以一种更加有效的方式分析这些数据，从而帮助企业制定以数据为驱动的决策。

尾注

1. Gartner, IT 词汇：“分析”。
2. Forbes Insight,《投资大数据》(*Betting on Big Data*)（Jersey City, NJ: Forbes Insights, 2015）。

表 1　章节介绍

章节	介绍	问题思考
第1章　数据分析生命周期	本章主要介绍数据的一般生命周期以及将数据转化为战略见解所涉及的分析阶段（数据探索、数据准备、模型开发和模型部署）	■ 数据分析的生命周期是什么？ ■ 每个生命周期阶段的特征是什么？ ■ 每个阶段所使用的最佳技术是什么？
第2章　数据库处理技术	本章主要为读者介绍数据库处理的概念。数据库处理是指将高级分析和数据库或数据仓库相整合的过程。在融合了数据库或数据仓库之后，分析处理就可以在无须数据复制或搬运的前提下对数据进行就地和并行处理了	■ 什么是数据库处理？ ■ 为什么选择数据库处理？ ■ 哪些分析过程应该利用数据库？ ■ 有哪些最佳实践？ ■ 有哪些使用案例和成功案例？ ■ 使用数据库分析技术有哪些优势？
第3章　内存分析技术	本章主要为读者介绍内存分析的概念。内存分析技术可以借助内存分析引擎快速处理复杂的分析问题，是一项处理大数据的全新方法	■ 什么是内存分析？ ■ 为什么选择内存分析？ ■ 哪些分析过程应该利用内存分析？ ■ 有哪些最佳实践？ ■ 有哪些使用案例和成功案例？ ■ 使用数据库分析技术有哪些优势？
第4章　Hadoop技术	本章主要介绍Hadoop技术的价值。企业现在收集的数据量越来越大，包括结构化数据和半结构化数据，这就给企业带来了前所未有的大数据挑战。企业因而也更加需要采用积极灵活的策略来管理和整合大数据	■ 什么是Hadoop技术？ ■ 为什么要在大数据环境下选择Hadoop技术？ ■ Hadoop技术在现代数据架构中是如何运作的？ ■ 有哪些最佳实践？ ■ 有哪些使用案例和成功案例？ ■ 使用Hadoop技术有哪些优势？
第5章　技术整合	本章主要对前面第2～4章介绍的技术和概念进行总结。介绍如何通过把传统方法和现代新方法结合起来为企业节约时间和资金	■ 数据库处理技术、内存分析技术和Hadoop技术是怎么互补的？ ■ 有哪些使用案例和成功案例？ ■ 整合后的数据管理和分析架构具有哪些优势？
第6章　结语	本章对本书进行总结，介绍端到端数据管理和分析平台在帮助企业制定以数据为驱动的决策方面所发挥的重要作用。本章还对分析技术的未来发展进行了思考	■ 数据管理的未来发展趋势如何？ ■ 分析技术的未来是怎样的？ ■ 数据管理和分析领域的 5 个主要关注点是什么？

LEADERS
INNOVATORS

目录

第1章

数据分析生命周期

数据和其他万物一样，都是有始有终的。也就是说，数据是有一定的生命周期的，有起始，也有结束，而数据分析也不例外。根据我与客户的交流，人们在对数据分析生命周期进行管理的时候，一般倾向于将这一过程划分为 4 个阶段，即数据探索（data exploration）、数据准备（data preparation）、模型开发（model development）和模型部署（model deployment）。这 4 个阶段分别代表了整个数据分析生命周期中的各个阶段，每个阶段都是至关重要的。例如，如果你没有事先准备和探索数据，那么模型开发就无从谈起。图 1.1 介绍了数据分析的生命周期。

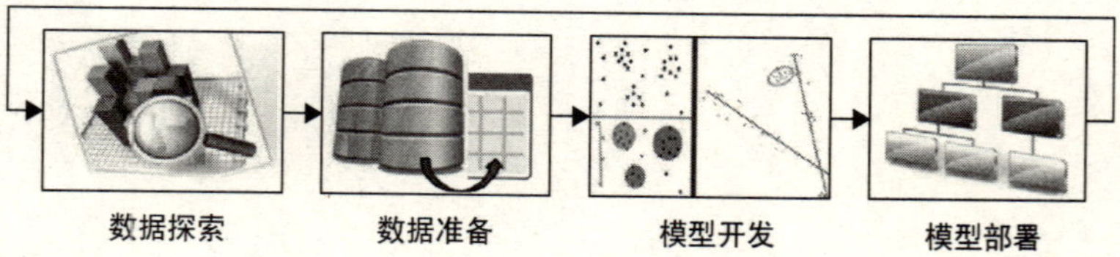

图 1.1　数据分析生命周期

在企业中，数据生命周期中的每个阶段都需要特定部门的人员参与。举例来说，IT 部门的职能就是要把所有的数据都收集起来。收据收集完毕后，就需要业务分析人员进行接下来的数据探索和数据准备阶段。而到了模型开发阶段，一般需要数据专家、数据建模师和统计师的参与。模型开发完之后，业务分析人员和 / 或者 IT 人员就要负责最后的模型部署了。接下来，让我们详细了解一下数据分析生命周期中的各个阶段。

阶段1：数据探索

数据探索是数据生命周期中第一个重要的阶段。数据探索是指总结分析数据特征，并从数据中提取信息的过程。这一过程通常由一位业务分析人员完成，并通过对数据的探索来获取以下几方面的信息：

- 数据整体描述；
- 数据集中存在哪些变量因素；
- 是否存在遗漏的观察值；
- 数据之间存在什么联系；
- 和其他被探索的数据是否统一；
- 是否收集到了用以分析的所有数据。

通过对数据进行初步探索，就可以掌握上述问题的相关答案。另外，数据探索还可以帮助分析人员熟悉需要进行深入分析的数据。

一般来说，数据探索需要借助特定的数据可视化工具。数据可视化工具可以为分析人员提供一目了然的用户界面，帮助他们快速识别和掌握数据的关键特征。鉴于数据可视化工具的这种便利性，近年来越来越多的业务分析人员也都开始在数据探索过程中使用可视化工具。在数据探索过程中，用户可以识别需要进一步分析的变量因素，同时为你感兴趣的其他分析数据提供参考。数据可视化工具具备多种便捷的功能，例如，可视化工具可以以图形的形式展现数据，如散点图、条形图或圆形图等。用户可以从图形中判断两项或两项以上的变量是否存在关联，以及是否有必要对这种关联进行深入分析。

数据探索阶段至关重要。有很多企业在数据管理的时候选择了跳过这个阶段，但是他们在数据生命周期的后期都遇到了很多问题。数据探索阶段的一个最佳做法是，让用户直接对你数据库中的所有数据进行探索，然后再提取需要分析的数据，去掉重复和不相关的数据。如果能够快速地从复杂繁多的数据集中提取有用信息，就可以为后面的数据准备阶段提供有利条件。

阶段2：数据准备

数据分析生命周期的第二个阶段是数据准备。数据准备是指收集、整合数据，并将数据汇总到统一的文件夹或数据表，用于后期分析的过程。数据准备阶段是一项十分繁重的工作，主要是因为本阶段涉及以下几方面的工作：

- 从多种不同来源整合相关数据；
- 处理不一致或者不符合标准的数据；
- 处理垃圾数据；
- 整合手动输入的数据；
- 处理结构化和半结构化数据；
- 提取数据价值。

我所接触的大部分客户，他们在数据准备阶段所花费的时间占据了整个数据生命周期的 85%。数据准备阶段一般需要一位 IT 专家和一位业务分析人员参与，通过两者的紧密合作，来全面了解企业的数据需求。根据客户的经验，数据准备阶段一般需要处理各种错误（主要是人工和 / 或机器输入错误）、录入无意义暗码和 / 或不完整数据，以及整合 / 汇总不同来源或格式的数据。这些工作一般都需要很多人工和时间投入。

数据准备的主要目的是帮助协调和丰富数据库中的数据，并对数据进行标准化处理。一般情况下，不同的数据集中会有多个价值标准来标注同一项数据。例如，就美国各个州来说，同一个州就会有很多不同的表示形式，如北卡罗来纳州可以用“NC”“N.C.”“N. Carolina”或者“North Carolina”等形式来表示。在上述示例中，数据可视化工具就可以用来识别比较明显的错误信息（就美国州的总数来说，如果统计数据大于 50，那么信息就是错误的，因为美国只有 50 个州）。不同信息的表示形式最后需要进行标准化处理，只保留一个可接受的标准缩写或全写形式。

数据准备为模型开发阶段提供准确的数据基础。如果数据不准确，后续阶段的数据模型可能就会不完整，不利于决策的制定。更有甚者，分析数据模型如果是基于不准确的数据而创建的，那么由此产生的决策也很有可能会给企业带来毁灭性的影响。在数据模型的创建过程中，只有有效地整合所有来自不同渠道的数据，并确保数据的准确性，才能创建出完整的模型，为后期决策制定提供支持。

阶段3：模型开发

在完成数据探索和数据准备之后，接下来就可以开发分析数据模型了。在讨论模型开发之前，这里我有必要介绍一下众多企业在开发大型数据模型时所面临的困难。数据模型通常需要几天、几周甚至几个月的时间才能完成。数据模型之所以复杂，主要原因是在数据获取方面存在困难，模型创建耗时较长，此外，如果模型过大，维护起来也较困难，而且模型创建后，其功能就会不断减弱。

不仅如此，模型开发还涉及不同团队人员的参与，有数据建模师、数据架构师、数据专家、业务分析人员、模型验证人员和模型评分人员。针对模型的开发、验证、存续和淘汰，很多企业面临着决策方面的困难。模型衰弱也是企业面临的另一重要挑战，这要求企业时刻关注模型的创建时间、模型创建人和模型的使用和使用者情况。另外，模型的版本控制也是企业需要具备的一项关键业务能力，其中模型的版本控制涉及事件记录、数据属性变化跟踪以及对一段时间内数据模型形式和使用变化情况的掌握等工作。模型的版本控制还需要对淘汰掉的模型进行处理，遵循可审核性、可追溯性和合规性原则对被淘汰的模型进行归档处理。

分析数据模型的使用也根据客户的具体情况而有所不同，主要取决于企业所在的行业或垂直领域，例如，根据企业情况的不同，企业可能需要遵循《萨班斯—奥克斯利法案》（Sarbanes-Oxley），也可能需要遵循《新巴塞尔协议》（Basel II）。企业一般希望借助数据分析模型来了解以下几方面的信息：

- 客户维系；
- 客户流失；
- 市场反应；
- 客户忠诚度；
- 欺诈检测；
- 信用评估；
- 风险管理；

- 终身价值；
- 购买途径；
- 药物开发；
- 临床试验；
- 反洗钱；
- 需求预测；
- 损失预防。

如果你从事的是银行或金融领域的工作，那么你所开发的数据模型可能会重点关注上次支付时间、未付款数量、应计利息率，或者用以分析贷款违约申请风险的正式贷款取消等信息。如果企业从事的是零售业或者电信行业，你的数据模型会重点关注客户获取 / 流失和交叉销售机遇等信息， 交叉销售机遇主要取决于一定时间内消费者对上次促销活动的反应，或者通过其他渠道来改善客户体验。不论数据模型是哪种类型，也不管企业所在的业务领域，分析模型所使用的分析数据都必须是最新的，并且在模型开发和评分阶段都是持续有效的。

数据分析模型能够帮助发掘潜在机遇，为企业业务发展提供重要契机。企业对数据分析的应用正在以指数形式增长，越来越多的企业也在通过开发数据分析模型来制定基于数据的决策。数据模型创建完成后，就可以进行模型部署了，模型部署可以为企业的运营提供重要支持。

阶段4：模型部署

模型创建完成后，接下来便是模型部署阶段。模型部署通常需要对数据分析模型进行评分。评分是指通过运行模型来预测未来可能出现事件的过程。也就是说，以预测为目的得出的模型运行结果就是“分数”。记分可以有多种不同的形式，包括数字、图形和整个数据架构。不过最常用的记分方式还是数字形式，如：

- 客户呼应促销活动的概率；
- 贷款申请人拖欠贷款的风险；
- 债务支付的概率；
- 客户流失的概率；

- 购买产品的概率。

评分是模型部署中不可缺少的重要部分，在整个数据生命周期中起着至关重要的作用。不同于让人亢奋的模型开发阶段，模型部署这个过程整体来说比较枯燥乏味，模型开发阶段还会涉及神经网络整合或者回归算法，不至于太过无趣。尽管如此，如果没有评分和模型部署，分析数据模型无疑就会变成一个“冷板凳”软件（shelfware），起不到任何实质性作用。不过等到了后期阶段，对分析数据模型进行评分可以为你揭露决策所需的重要信息。

相比于模型开发，评分过程的执行要简单得多，因为这个过程不会涉及统计和分析功能以及优化程序。评分过程只需要一个可以评估数学函数的软件即可，方便对分析数据模型中的数据进行评估。

评分过程一般需要借助一个“评分引擎”的软件应用，用于对数据分析模型和数据集进行评分和记录。对模型进行评分，一般有 3 种途径：

（1）使用的评分引擎软件应用独立于模型开发应用之外；

（2）使用的评分引擎是模型开发应用的组成部分；

（3）使用的评分引擎是在执行由模型开发应用输出的数据模型代码（如 SAS、C++ 或 Java）过程中产生的。

数据模型的类型取决于所使用的模型开发软件。有些软件可以产生多种类型的模型，而有些软件则只能生成一种单一类型的模型。在上述的前两种途径中，评分引擎都是需要由用户执行的软件应用。软件可能会包含一个图形形式的用户界面，也可能只是一个常见的命令行程序，用户需要在程序运行过程中，把输入参数录入控制台接口。评分引擎中一般需要输入以下 3 项信息：需要运行的模型、需要进行评分的数据和输入评分的具体位置。

在第三种途径中，模型会单独运行其评分引擎。模型开发软件生成模型后，需要将其编译成可执行格式，这个步骤通常需要人工手动完成，而且需要操作人员具备系统的相关技术知识，了解程序等级的详细信息。相比于使用独立评分引擎的模型，对模型编译后可以改善运行效果，运行速度也会加快。

分析人员通常会使用可以在特定程序语言环境下，能生成模型评分代码的模型来开发软件。不过根据公司具体的政策或数据要求，IT 部门的评分人员可能需要把评分代码转换成另一种语言。然而，在代码转化过程中，也伴随着信息丢失的潜在危险，甚至会造成严重的错误。而即便在模型评分逻辑或数据属性选择上出现一个错误，也都有可能会导致错误的信息输出，从而给企业造成数百万美元的损失。评分算法转化一般会产生上千行的代码，这是一个极其缓慢的手动过程，因而企业最好选择和谐可兼容的模型开发和部署软件，尽量避免这一过程。

端到端过程

上面我对数据分析生命周期的各个阶段和特征进行了介绍。图 1.2 介绍了适用于每个阶段的最佳技术。

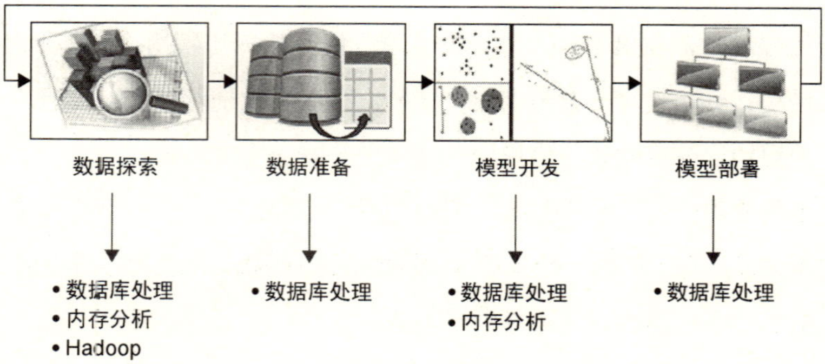

图 1.2　数据生命周期各阶段的适用技术

在接下来的章节中，我会详细介绍为什么以及如何在数据生命周期的各个阶段使用这些技术。另外，我也会和大家分享一些实例，这些都是我的客户在使用上述技术过程中所获得的经验。每项技术都可以帮助你更加快速地分析数据，帮助你在数据分析生命周期中从爬行到行走，再到疾走和奔跑一步步地成长。现在，让我们开启数据分析生命周期之旅吧！

第 2 章

数据库处理技术

众所周知，企业现在所收集到的结构化和半结构化数据比以往任何时候都要多，数据也比以前更加复杂。对所有数据进行分析，这为企业带来了机遇，同时也带来了挑战。当今世界经济不仅竞争激烈，而且处于不断变化之中，这就要求企业需通过借助数据分析来制定灵活积极的应对策略，而不是简单地对数据进行搬运。需要了解的是：目前存在两种关键的技术，可以帮助企业改善对大数据的分析，即数据库分析技术和内存分析技术。本章主要介绍数据库分析（处理）。

背景介绍

数据库处理（in-database processing）的概念出现于 20 世纪 90 年代，并通过天睿、IBM 和 Oracle 等供应商的努力，数据库处理最终作为一种可以用于商业用途的对象关系数据库系统（object-related database systems）在市场上出现。但是直到 2005 年前后，数据库处理能力还依然处于初级阶段，并不能完全满足企业的需求。而试图将来自分析工作站或者个人电脑上的分析学融合到企业的数据仓库中去，这种想法听起来似乎蛮不错的，但企业却心存顾虑，担心分析学是否可以很好地融入企业数据处理和文化之中。此外，对于那些计划应用此项技术的企业，他们的 IT 和业务用户也在质疑这项技术究竟可以给企业带来什么额外价值。与此同时，大数据的概念出现，并迅速成为 IT 行业的流行词和发展趋势。毋庸置疑，当前的这些发展趋势都为数据库处理在企业中的应用提供了良好的契机。

随着互联网和移动设备使用的不断增加，企业收集到的和需要分析的数据量在呈爆炸式增长，鉴于当前的这种发展趋势，企业对数据库处理技术的需求也在不断增加。企业对数据的收集已经从兆字节（megabytes）上升到了吉字节（gigabytes），从太字节（terabytes）上升到了拍字节（petabytes）甚至更高形式的数据存储单位。随着数据收集量的急速增加，企业也需要做出相应的改变以适应数据量的增长，在某些特殊行业中，根据以小时为单位和以秒为单位收集到的数据制定的企业决策有可能会存在巨大差异。此外，随着越来越多的从业人员和行业在解决重要商业问题时都依赖于数据和对数据的分析，他们提出的问题也越来越复杂，而这就要求更加成熟的技术和更加精准的分析结果来为其提供支持。也就是说，大数据的出现和发展是推动数据库处理技术应用的一个主要原因，数据库处理技术可以帮助企业有效地收集、处理和分析数据。接下来，让我们了解一下数据分析当前的应用情况。

传统数据分析方法

数据分析的传统方法需要把数据从数据库或者数据仓库中提取到单独的服务器或个人电脑。就目前来说，很多企业在数据分析时，会首先把数据库中的数据提取到一个单独的分析环境进行分析，然后再回归到数据库。传统的数据分析需要把数据从数据库中提取出来才能进行分析，很多企业都没有意识到这个问题。他们忽视了传统数据分析方法所存在的一个局限，即把数据从数据库搬运到一个单独的分析环境的这个过程，可能会造成重复数据和多余数据。由于数据是分散的，所以他们也无从审查。此外，数据搬运还涉及安全问题，这也是被他们忽略的一个问题。图 2.1 描述了传统数据分析方法。

图 2.1 展示了很多企业在开发和部署数据分析模型时所使用的传统过程。在图示的方法中，提取到的数据有多种来源（大型主机、CRM 和客户服务中心等），包括企业数据仓库和涵盖多个业务领域的数据中心。这些数据收集来之后，会转化并整合到分析数据集（Analytic Data Set，ADS）中。ADS 一般是一个大型平面数据结构，如包含数百位候选人信息的平面文件，文件中每一行都代表着一个用

户感兴趣的信息，如客户信息（也被称为建模 ADS）。之后，分析人员便可以在一定的分析环境中利用这些数据来开发数据分析模型了。模型开发、测试和验证完成后，再将模型导入到基于生产或操作数据的评分环境中。在随后的评分过程中，还要再根据模型要求提取准备数据，将数据导入到“评分 ADS”（有时也被称为评分表）。尽管评分表中的变量值不会超出分析模型中变量值的范围，但有时需要记录评分的项目也会达到上百万。评分过程一般在评分服务器中完成。

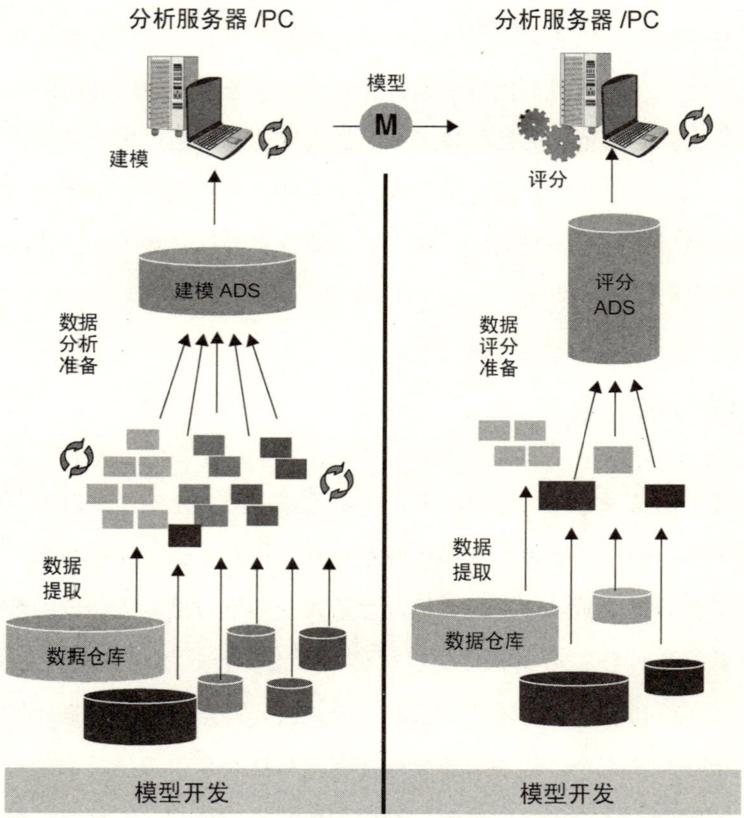

图 2.1　传统数据分析方法

传统的数据分析方法涉及很多数据搬运和复制过程，而数据搬运和复制则给企业带来了挑战，尤其是在数据验证、数据质量、性能、成本和管理方面。传统数据处理方法所存在的不足主要体现在以下几方面。

- 在整个数据关系网中移动数据是一个非常缓慢的过程，要在有限带宽的条件下搬运太字节（terabytes）甚至拍字节（petabytes）的数据绝非易事。

数据搬运可能需要好几个小时甚至是几天的时间才能完成。在数据的缓慢移动过程中，你可能就会给企业的工作网络造成了消极影响，甚至会妨碍到企业内其他工作人员的工作进度。

- 复制数据会增加成本，造成数据筒仓（data silo）。要复制上百万甚至数十亿行数据，势必会产生需要额外支持和维护的数据集，造成数据筒仓，同时也会增加基础设施（如存储和支持等）的成本。
- 增加数据管理的难度。由于数据都是分散的，且都来自不同的渠道，所以对具体数据使用的管理和分析难度就会加大。

在传统分析过程中，数据管理是和分析应用分离的，两者在后期也很难实现整合，无法提供端到端功能。我在前言和第 1 章中就提到过，要对数据进行有效分析，数据管理是关键，而数据管理所涉及的数据准备过程不仅耗时长而且会占用很多人力资源。所以说，使用数据管理和数据分析分离的技术是极不划算的。

而使用可以在数据库中直接进行数据分析的分析技术则可以很好地解决传统分析方法中经常遇到的成本、时间、数据质量和安全等方面的问题。

数据库处理方法

大多数企业都表示，他们根本就不缺少可以分析的数据。事实上，企业每天所收集到的数据和他们所拥有的数据量要比他们想象中的多很多。所以说，企业所面临的挑战是：找到最有效的数据处理方式，确保数据的准确性，并以较低的成本来存储数据，同时提高终端用户分析数据的速度和灵活性，帮助他们从多个角度来发掘数据中所包含的有价值的战略信息。幸而，有一种方法可以帮助企业做到这一点，这种方法就是：数据库处理。

数据库处理（in-database processing）是指把高级分析融合到数据仓库平台功能中去。很多分析计算方案和大型数据库都在使用这种方法，其主要优势是，相比于传统的分析方法，数据库处理可极大地改善分析效果。这也是为什么很多企业分析人员都开始采用数据库处理方法，帮助企业简化处理过程，从而获取最大的商业价值和绩效。图 2.2 介绍了如何把数据库处理方法融合到数据管理和分析中去。

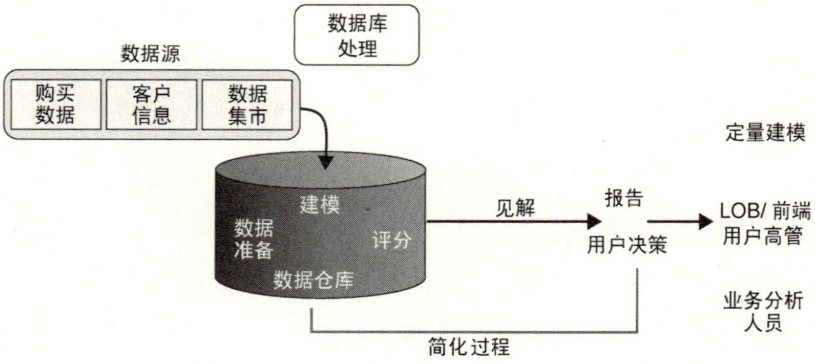

图 2.2　数据库处理方法

借助数据库处理方法，业务分析人员和 IT 用户可以进行数据探索，将数据整理成用于分析的数据集，开发复杂数据模型，对数据模型进行评分等操作，总而言之，可以在数据库或数据仓库中完成端到端的数据生命周期中的所有相关步骤。通过在数据库或数据仓库内执行数据生命周期中的所有相关步骤，可避免数据搬运或提取的麻烦，也无需将分析代码转换成可以在数据平台上进行执行的代码。

为什么选择数据库处理技术

相比于传统的分析方法，数据库分析方法更加快速、高效、安全，效果也更加显著。

借助数据库分析方法，数据无须离开数据库，因而可以进行数据即时分析，同时也具备更好的可扩展性和管理效果。数据库分析的一个主要优势在于：避免了数据搬运的麻烦。分析是通过把分析功能和数据库相结合而实现的。

数据库分析可以帮助企业制定更多的企业决策。通过直接在数据库中执行预测性分析或高级分析，用户也可以对数据进行更加深入的分析，这是在传统分析方法下所无法实现的。不仅如此，数据库分析方法可以帮助企业更加快速、准确以及有效地对大数据进行分析，即使是在数据密集的复杂环境中，也同样可以实现。

很多具有创新性和处于领先地位的企业已经意识到，借助有效的数据分析，可以帮助他们提升在客户定位和维系、产品开发、定价、风险评估和管理、营销和销售等关键方面的表现，从而超越其他竞争者。企业的分析能力越先进，就越能够为以数据为驱动的决策提供更好的商业策略，这已是业内达成的共识。而这些以数据为驱动的决策将提高企业的生产力、效率、底线，甚至品牌价值。

举例来说，电信企业可以进行更加详细深入的客户流失分析，然后创建更优定价项目。保险公司可以执行更加有效的影响评估，提高欺诈检测能力，并发展目标客户维系项目。金融机构可以增强现有的投资组合分析活动，追加向客户销售新产品或服务的机会，更好地减少风险，并提高个人客户收益率。对多数行业的营销人员来说，他们都可以进行活动实时分析，通过增强或放弃某些活动来获取营销投入的最大回报。

从 C 级执行官到业务经理，再到销售、服务、金融、市场营销和其他领域的一线员工，都可以利用数据库分析帮助他们提高业绩和生产力，增强创新和整体竞争优势。

成功案例

自数据库分析在行业内应用以来，目前已经有很多成功的使用案例。之前已经介绍过，数据库分析主要是用以探索数据、准备分析所需数据，以及开发和部署模型。下面将详细介绍几个在数据库处理技术的应用方面比较成功的案例。

电子商务：数据准备和数据处理

第一个要介绍的成功案例是一家提供在线 C2C（消费者对消费者）和 B2C（企业对消费者）销售服务的国际电子商务公司。这家公司借助数据库处理来准备分析数据，从而增强端到端性能。

公司具备成熟的大型数据管理系统，同时还拥有一个广泛的分析生态系统，用以分析对存储在数据平台上的拍字节（petabytes）数据进行分析。他们的数据平台是通过使用多种分析工具，来发现、探索、分析和报告数据。图 2.3 中的分析生态系统包含数据整合、数据平台和数据分析。

数据库处理是在数据平台上进行执行的。在图 2.3 中，数据平台为分析创建了坚实的基础，平台上既有结构化数据也有半结构化数据，包括交易以及涉及36拍字节的客户和客户行为的网络日志。借助传统的分析方法在有限的时间内对数百万行和数百万列数据进行分析无疑会遇到各种困难，其中包括对大量数据进行转移、对大量重复数据进行存储空间管理以及对系统资源进行管理。此外，数据量的增加和数据频率的提高，也会给数据处理带来挑战，如数据准备和转化、数据传送、数据集存储，以及系统资源最佳利用等方面，这造成了数据集处理成本的增加，以及可扩展性瓶颈问题。鉴于传统分析方法和基础设施的局限性，企业决定使用数据库处理技术，促进对日益增加的数据量进行灵活高效地分析。通过把数据分析技术整合到数据库或数据仓库，在数据存储的地方直接进行数据分析，就可以进行有效扩展，并提供更好的性能。将数据准备、数据分析和数据报告的任务都转移到数据库具备多方面的优势，例如提高分析速度和性能、减少数据转移，以及为IT部门提供更好的数据管理。对于决策制定者来说，数据库处理方法能够帮助他们快速获取分析结果，从而制定更加灵活准确的以数据为驱动的决策。下面是企业使用数据库处理方法前后的情况对比，以及数据库处理方法的优势介绍。

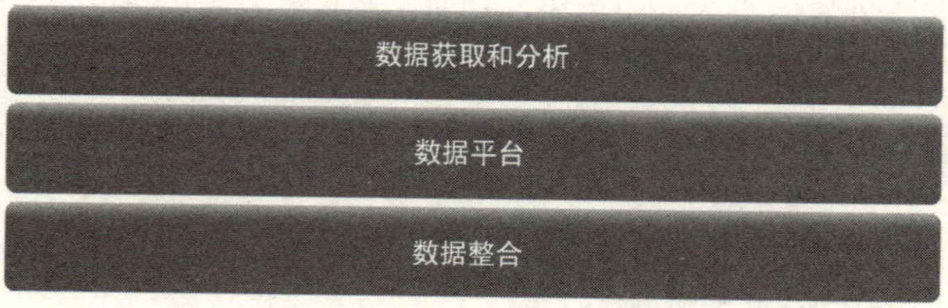

图 2.3 数据和分析生态系统

图2.4介绍了对客户行为数据进行分析的传统方法，以每天收集到的数据为单位，借助表格概述的形式呈现。在图2.4所示的传统方法中，需要以数据仓库为基础提取概述表格，并根据概述表格创建数据集。整个过程包含4个主要步骤，每一步都由一个脚本激活。在第一步中，用于分析的参数会作为宏变量输入到文本文件（参数源文件）中，然后在数据库执行SQL序列， 这一步会在数据仓库中产生一个概述表格。这个表格将成为随后步骤的源数据。在接下来的步骤中，一个具备快速导出功能和多重话路的程序会将概述表格从数据仓库转移到分析服务器，同时创建数据集。之后，便可以对数据集进行分析了，试验分析会在多次

归并后，按照不同的维度进行。根据不同维度获得的分析结果会被添加到最终的数据集中。最后一步需要借助快速加载程序，把获得的分析结果从分析数据集转移到数据仓库中的概述表格。从数据集中获得的结果会借助可视化工具或商业智能工具在不同的仪表板上进行可视化展示，供终端用户参考。

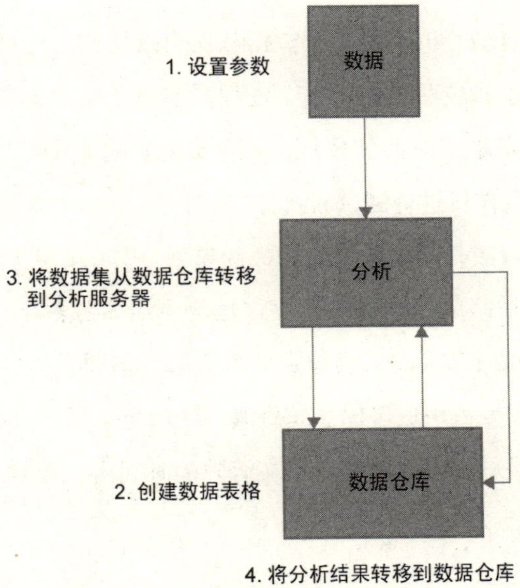

图 2.4　传统分析方法

表 2.1 描述了传统分析方法中每个步骤以及每个步骤所需要的运行时间。一个典型的试验分析一般包含 2 亿多条记录，涉及 100 多个有关客户行为的变量。

表 2.1　传统方法中每个步骤所需运行时间

步骤	描述	所需运行时间（分钟）
SQL运行	在数据仓库中创建可以在分析服务器分析的表格	32
数据转移（从数据仓库转移到分析服务器）	借助快速导出程序将表格从数据仓库转移到分析数据集	52
统计计算	在不同的维度对数据进行处理	233
数据转移（从分析服务器到数据仓库）	将输出数据集转移到数据仓库	6
		时间总计：323

根据表 2.1 中的信息显示，SQL 运行需要大概 30 分钟的时间，以完成在数据仓库中创建概述表格。数据从数据仓库转移到分析服务器一般需要一个小时。如果数据量增加，那么该步骤的处理时间也会根据数据的增加相应地延长。对数据集的分析会按照不同的维度进行。数据集是在多次归并之后获得的，数据集归并之后，就可以对概述数据集进行分析了。统计计算这一步一般需要 4 个小时，是整个分析过程中耗时最长的。最后把数据从输出数据集中转移到数据仓库一般只需要 6 分钟就可以了。也就是说，整个过程需要花费大约 5 个小时的时间，要维系这个过程需要耗费很多时间和资源。不仅如此，过程中一旦出现微调或改变，就需要花费好几个工作日进行测试和执行。

使用传统分析方法会遇到几个比较大的挑战，其中最主要的一个就是，过程需要使用拥有多重话路的快速导出程序，这会占用服务器上的带宽。不仅如此，如果需要转移的数据量过大，就会导致转移失败，需要重复转移。要转移储存单位较大的数据，就需要占用更多的系统资源，因而每次最多只能执行一两个步骤。这就会让整个分析过程受限，最终无法在有限的时间内完成整个分析过程。

数据库处理方法

下面让我们看一下，如果在这个过程中借助数据库技术，结果会有何不同。表 2.2 对传统分析方法和数据库处理方法所使用的处理时间进行了对比。

表 2.2　数据库处理方法中每个步骤所需运行时间

步骤	描述	所需运行时间（分钟）：传统分析方法	所需运行时间（分钟）：数据库处理方法
SQL运行	在数据仓库中创建可以在分析服务器分析的表格	32	32
数据转移（从数据仓库转移到分析服务器）	借助快速导出程序将表格从数据仓库转移到分析数据集	52	0
统计计算	在不同的维度对数据进行处理	233	45
数据转移（从分析服务器到数据仓库）	将输出数据集转移到数据仓库	6	6
		时间总计：323	时间总计：83

在数据库处理方法中，省去了从数据仓库到分析服务器转移数据的过程，从而把整个分析过程的时间缩短了一个小时。统计计算过程也只需要 45 分钟，因为数据的归并和概述数据集的创建都是在数据库中直接进行，获得的概述数据集会作为源数据，进行下一步处理。把分析结果从分析数据集转移到数据仓库需要大约 6 分钟时间。也就是说，如果使用数据库处理方法，整个分析过程只需要 83 分钟就可以完成。

在两种方法中，第一步在数据库中运行 SQL 没有太大区别，因为所花费的时间相同，都需要 32 分钟。和传统的分析方法不同，在数据库处理方法中，数据转移这一步完全省去了，因为数据归并可以在数据库中进行，而无须把数据转移到分析服务器后再进行数据归并。相比于传统分析方法，在数据库处理方法中，统计计算这一步的运行时间大大缩短了，这个步骤的改进对整个分析过程的改善起到了主要作用。这主要是通过把分析程序转化为 SQL 实现的。SQL 代码在数据库中执行，通过借助高度优化的大规模并行处理系统以及并行功能执行，来对数据进行多次归并。另外，在标准的传统过程中，数据需要从数据仓库表格转移到分析数据集中，并在分析数据集中进行数据归并。最后一步在两种方法中没有太大改变，都需要把分析数据集重新转移到数据仓库表格。整体来说，传统分析方法需要 323 分钟完成整个过程，而数据库处理方法则把这个时间缩短到了 83 分钟，在性能上提高了 4 倍。

数据库处理过程不仅减少了端到端处理时间，而且增加了处理的吞吐量。此外，数据库处理还减少了对系统资源的占用，有助于提高并行度和性能。另外，由于无须在分析服务器上存储数据，所以也大大地减少了对磁盘空间的占用。处理时间整体缩短后，就可以在既定的运行时间内执行更多分析测试，获取更多分析见解了。数据库处理方法还可以减少对两端服务器（分析服务器和数据库服务器）和互联网的带宽占用，也就是可以提高现有服务器的利用率，从而改善对数据的管理。最后，借助数据库处理方法还可以减少超时会话和程序终止等问题出现的概率。

数据库处理方法具备以下优势：

- 通过 4 个步骤的运行缩短处理时间；
- 省去了数据转移的步骤，节约了数据输入和输出成本；

- 在数据库管理系统（DBMS）端对大量数据进行汇总，由于大部分数据是被调整后的可扩展的高度优化数据，因而更加快速；
- 可以对数据进行直接分析；
- 通过减少对系统资源的占用，增加吞吐量，提高并行度；
- 提高性能，避免数据搬运；
- 优化整合分析 / 数据仓库环境中的资源利用；
- 改善数据质量和整合度；
- 减少网络流量；
- 提高分析人员效率，帮助他们专注于高价值任务；
- 减少总拥有成本 / 提高投资回报率。

本案例中的电子商务公司现在还在继续每天使用数据库处理方法。截至目前，他们给我们分享的一个反馈信息是：并不是所有的分析功能都可以通过数据库处理方法实现。有些处理过程仍然需要借助传统方法进行。数据库处理在可以单独执行的时候无疑可以给企业带来巨大优势，但如果无法单独运行，对整个分析架构来说也是具有互补作用的。

未来发展趋势

本案例中的电子商务公司以后还会继续使用数据库处理方法，公司计划把数据库处理方法推广到其他部门，同时探索与 Hadoop 技术的整合。由于企业所收集到的数据量还在不断增加，所以公司还在努力提高管理企业数据库的能力，通过执行数据库分析方法来帮助准备和探索多种不同类型的数据。

电信企业：使用数据库技术开发数据模型

在接下来的这个成功使用案例中，我要介绍一家总部位于欧洲的企业。这家公司是中欧比较大的一家电信企业。伴随着价格下跌、客户忠诚度下降以及行业内竞争压力等问题，公司急需了解客户行为，从而减小持续攀升的客户流失率。

不管是在哪个行业，客户流失分析都至关重要，电信领域尤其如此。客户流失分析是指通过识别潜在流失客户，判断客户流失原因，来帮助企业防止未来客户流失的过程。每个电信供应商都会使用客户流失预测来为客户维系和营销分析提供早期预警细分。在营销活动管理中，早期预警细分可以作为客户流失分析的一个应用使用。早期预警细分是客户流失细分和客户价值细分的结合。由此产生的细分（例如，流失风险在 30% ～ 70% 的最高价值客户）可以用于区分不同客户群的维系服务，帮助企业降低客户维系的整体成本。建立有效的客户流失分析依赖于颗粒度的客户数据，其中包括大量的数据和各种数据源。

客户流失分析的一个关键环节是要尽量减少建模延迟，以便可以根据市场变化及时做出对策。若要完成端到端分析，就需要包含一个自动评分过程，基于每小时、每天或每周数据来获得客户流失评分。同时，要想充分利用呼叫明细记录中的颗粒度和较大存储单位数据，并优化客户流失模型，就需要具备一个整合度高的数据仓库和分析环境，尽量减少不同环境之间带来的延迟，对于本案例所介绍的企业，他们的企业数据仓库和分析环境之间的关联是十分松散的。

背景介绍

本案例中的企业，他们具有很好的商业背景和明确的业务问题。就其商业背景来说，我们了解到，分析人员和业务代表之间的合作很紧密，例如，通过与细分管理团队或客户维系办公室等企业部门合作，来解决手头遇到的分析“问题”。分析人员最初会从模型创建开始，一般会在真正着手开发和验证模型之前，就开始收集和准备数据（统计数据准备）。一旦分析人员确定了一个他们认为可以有效预测客户流失数据和解决商业问题的模型，就会着手把该模型部署到受监控的自动化 IT 程序中去，用于对随后产生的新数据源进行评分。

下面将介绍数据库处理和分析是如何应用到模型创建的各个阶段，并帮助预测和执行客户流失分析的。

创建数据集

客户流失分析中信息的最基本组成部分是有关客户等级的分析数据集。即便是数据集中一个单一的数据也会被记录到客户分析数据集中。要创建客户等级的分析数据集，就需要完成一系列的数据准备步骤。数据包括合同信息、客户联系信息、话费充值、客户终身价值和其他客户行为特征，包括服务使用情况等。客户行为信息可在呼叫明细记录中找到。客户使用信息包括呼叫次数或使用时间、工作日与周末使用比例等类似指标，客户使用信息一般是以单个客户实体为单位，按照等级级别进行数据收集和转化。至于颗粒度呼叫信息记录，则首先会以星期或月份为单位进行汇总，之后再用于模型开发。

汇总了呼叫明细记录的客户行为数据，会与合同信息、话费充值和客户联系信息整合在一起。数据仓库中会包含全部历史记录和详细信息。数据汇总和整合步骤可以在数据仓库中直接执行，包括数百项属性特征，方便在客户流失建模中使用。数据整合一般在数据仓库中以关联、分类和合并的形式来执行。

一个最佳实践就是要在数据仓库级别理解产生的分析数据集。这也就意味着，需要对所有客户行为方面的变化情况进行跟踪和记录，并对发生的相关变化进行时间标记。一般来说，要把数据仓库创建成为企业的知识储备库，这一步是必不可少的先决条件。在本案例中，企业对在一定时间内与客户行为有关的所有数据都进行了跟踪记录，用于实际客户流失模型的开发。

数据探索

在创建分析数据集之前，分析用户需要处理客户数据库中的各种表格，其可能是一个单独的数据模型，也可能是位于数据库或数据仓库内的企业数据模型中的一个域，要知道，所有客户都是参加经济活动的人。在对源数据有所了解之后，分析用户才会进行下一步：把分析数据集作为输入信息，用于开发分析模型。

通过使用数据库中的综述、频率和手段等功能，分析人员将在这一步继续对分析数据进行探索，通过了解客户订阅或客户群的行为特征，来识别客户的预期行为以及细分客户群中客户的非预期行为，特别是通过使用兼顾分层分析的频率分析，来对分析数据集以及客户订阅信息进行数据统计。在客户记录中，综述、手段和频率都是描述性统计中的变量参数。

数据准备

在对记录呼叫明细、账单信息和话费充值信息的源数据进行探索之后，我们现在就可以将数据转换为订阅级别的客户分析记录了，其中包含呼叫、手机充值和模型开发的其他属性特征，例如，同一位客户可能会订阅多项服务。对于客户流失预测建模，分析数据集会捕获活跃客户的订阅信息和流失客户订阅分析记录。

在数据准备这一步，分析人员会利用从数据集中获得的客户或相关订阅行为信息，来提炼现有的属性，或者使用统计推导在分析数据集中生成额外属性。一个典型的例子就是使用数据库中主成分程序的主成分分析（PCA）技术。根据研究目标的不同，分析人员还可以使用数据库中因子函数的另外一个相似的技术，即因子分析。

在客户流失分析中，一个可以使用的数学方法是把变量整合到因子中去，在谨慎考虑后减少变量的数量，以此尽可能多地获得客户信息，并开发有效的数据模型。

客户流失预测模型中一个典型应用是借助因子分析来减少一组客户使用行为的属性特征（例如，3 个月、6 个月或者 12 个月内的平均电话呼叫数量）。之后，我们便可以利用缩减后的属性特征创建模型，相比于使用未缩减的庞大属性特征，使用精简后的属性特征建模要有利得多（既有统计方面又有实践方面的优势）。

另外，模型创建者还可以借助数据库本身具备的变量选择程序，以更加自动化的方式来执行这一步骤。很多数据挖掘数据库都拥有成百上千个可以作为模型属性的潜在输入信息。变量选择程序可以快速识别输入变量，在线性模型框架的基础上对目标变量进行预测。

模型开发

市场上有几种可以推荐的数据挖掘方法，能够用以挖掘更多具体细节信息。在本节中，我们将集中介绍如何在模型开发过程中借助数据库技术。

逻辑回归分析（logistic regression）是一种稳健的方法，也经常被用于客户流失预测模型的创建中。要使用逻辑回归分析，就需要把一定的混乱行列和处于活跃状态的行数相结合，以便为模型创建做准备。

分析人员可以使用线性和逻辑回归分析等数据库程序。线性回归主要是为了预测一个或多个可以作为连续目标的独立线性函数输入项的价值。而逻辑回归分析则是为了预测分类（二进制、序号或名称）目标能够作为一个或多个独立线性函数输入项来获得感兴趣事件的概率。

在介绍的流失预测分析模型案例中，逻辑回归只有使用分类目标属性的时候才会应用到（请注意，这是主要的一种使用情况）。该功能支持前向、后向和阶梯式选择方法，另外还可以对数据集进行评分。

在回归过程所计算的模型中，独立目标流失变量会借助一个最小二乘函数，作为多个独立变量的线性方程被纳入模型创建。例如，当我们决定要将目标流失属性作为使用过程中不断减少的百分比来定义的时候，就可以考虑使用 REG。REG 程序包含多个模型拟合选项，其中包括许多模型选择变量和假设检验。回归分析通常用于识别独立的变量子集，这些变量子集和独立变量之间存在重要关联。在本案例中，REG 程序除了其广泛的模型拟合和报告功能以外，还可用于探索性分析。

在完成关键的模型开发之后，分析人员会对客户流失模型进行部署，用于对数据库中新收集到的数据进行定期评分。

模型部署

数据库评分功能在客户流失预测模型部署阶段使用。在客户维系的业务流程上部署模型需要借助选择流失模型对活跃订阅者这一客户群进行反复评分。

评分函数针对单个订阅信息以表格形式进行客户流失评分，其中包含客户流失风险预测和 / 或使用回归分析进行评估的模型残值。数据库评分函数会针对给定的模型动态生成 SQL 代码。此函数之后会把生成的 SQL 代码提交到数据库，数据库会在无须提取任何数据的情况下生成表格。

表 2.3 列出了本案例中的电信公司在使用数据库技术的过程中所获得的价值和优势。

表 2.3　使用数据库处理技术的优势

功能	价值
简化分析流程	■ 加速数据探索 ■ 促进数据准备 ■ 缩短所需时间
可扩展性和性能	■ 减少不必要的数据搬运 ■ 利用数据库进行并行化处理
数据的一致性	■ 减少数据重复 ■ 确保信息的及时性

续表

功能	价值
IT	■ 方便数据管理 ■ 增强硬件使用 ■ 与资源管理相整合 ■ 促进单一企业分析平台的标准化
生产率	■ 提高业务用户生产率 ■ 减少网络流量使用 ■ 提供高质量的数据分析模型

另外，公司还分享了使用数据库处理技术给公司业务所带来的以下积极影响：

- 在客户行为发生改变时及时发出警告，方便公司采取及时应对措施，针对客户行为的变化提供新服务；
- 改善客户维系和底线，销售人员在和客户沟通时可以展示出所有相关数据；
- 锁定客户流失率较高的客户地域或社交网络，有针对性地积极开展传播和营销活动；
- 通过在其他市场开展交叉销售活动，扩展企业营业范围。

客户流失分析在任何一个行业都是可行的，电信行业尤其如此，因为电信行业不仅竞争激烈，而且给客户提供的选择也较多。本案例中的电信公司，通过借助恰当的技术和基础设施，针对客户行为采取及时的应对措施，成功扭转了业务不断下滑的现状。借用比尔·盖茨的一句话："最不满意的客户才是值得你学习的最好资源。"[1]

金融机构：数据库模型开发和部署

在全球经济瞬息万变且竞争日益激烈的经济环境中，一家位于欧洲的主要金融机构意识到，公司从模型开发到模型部署期间耗费了太多的时间。整个过程是人工手动操作，错误百出，而且需要占用很多资源。从模型开发到模型部署，几乎很难甚至无法对模型的退化进行监控。

这家金融机构随后借助数据库技术创建了灵活有效的基础设施，用于数据管理、模型开发和模型部署。平台对数据库环境进行控制后，方便了数据准备和模型评分，同时也有助于借助分析的功能来创建复杂和全面的数据分析模型。通过利用数据库中的大规模并行处理能力，企业每天可以在数据库中对超过 5500 万条记录进行多次评分。如果使用传统的处理方式，每天对数量如此庞大的数据进行多次评分是根本无法实现的。图 2.5 描述了这家金融机构使用数据库处理方法的具体流程。

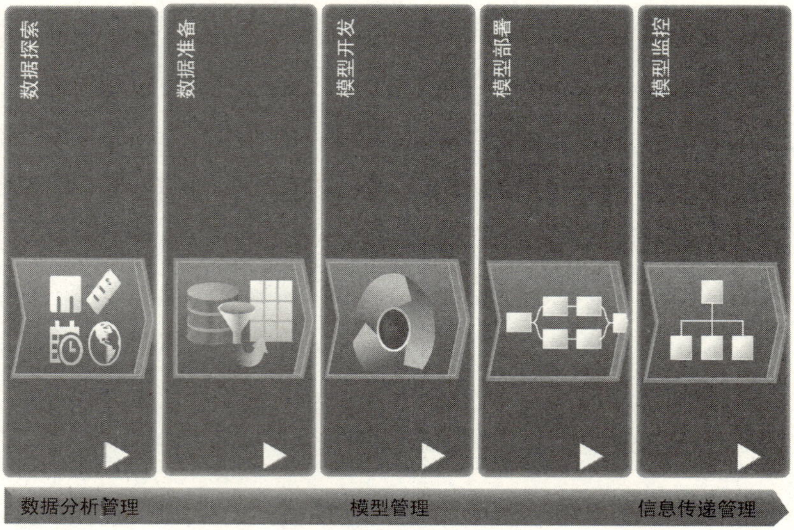

图 2.5　数据库处理技术

企业模型从开发成功到应用再到生产环境通常需要好几个月的时间，但是在采用了数据库处理方法之后，这个过程只需要几天时间就可以完成。而在数据准备阶段，时间缩短了 40%，分析人员的生产效率也提高了 50%，可以制定更多的战略方案。采用数据库处理方法后，这家金融机构在性能、成本节约和数据管理方面的表现都得到了改善。

下面介绍下这家金融机构是如何应用数据库分析方法，来应对他们所遇到的挑战的。

使用传统分析方法所遇到的挑战

由于金融行业内的竞争激烈，而且有价值的客户需求也处于不断变化之中，传统的分析方法已经无法帮助企业在市场上保持其竞争优势和领先地位。这家金融机构所面临的挑战是业内普遍存在的，主要有以下 3 个方面。

手动操作

在准备数据和数据模型创建过程中，需要公司多个业务部门的参与。在一个典型的项目中，需要分析人员首先创建模型，然后 IT 团队执行和部署模型，最后还需要数据库管理员集中管理数据仓库。不同部门之间进行工作交接的时候，必然会造成进度的延迟。每个部门都需要首先对模型和数据进行检查和验证。在很多领域，模型的记录很可能会涉及不同的语言。在最佳模型产生之前，可能会有多次模型迭代。由于过程中涉及的人员过多，最后在生产环境中部署的代码模型很可能是不准确的，这也就意味着会产生错误的分析结果，从而造成严重的后果。

数据管理

在传统方法中，数据源分散于整个公司，而用于模型开发的数据格式也需要转换。分析人员则倾向于创建自己的分析数据集市或数据筒仓。此外，他们还会生成额外的数据摘要。所有这些数据准备过程都可能会导致数据不一致，因为在模型创建过程中所使用的是不同版本的数据。其结果就是，模型开发环境中的数据不一致，并导致不同的分析结果。由于数据是分散存储的，有些保存在文件服务器中，有些保存在映射驱动器上，甚至在有些极端情况下，部分数据还会存储在本地硬盘上。数据分别单独保存在这么多不同的地方，就会导致严重的数据管理问题。而在本地硬盘上的数据需要在台式设备上进行处理，也就是说，其处理效果会很糟糕。

混乱的技术使用

数据仓库中的数据会被不同的分析团队使用，最终会产生很多数据副本和不同的存储位置。不同的数据副本意味着多重数据存储和网络内部数据的重复转移。另外，分析人员可能会使用不同的分析软件来开发模型，这也是很正常的。在需要把模型应用到生产环境中的时候，分析人员可能需要按照统一的标准对模型进行翻译或重新编码。而随着时间的推移，模型会退化，所以他们必须不断地对模型进行监控和管理。由于模型监控时所使用的表格是不同的，所以在生产环境中对模型的监控也无法保持一致。随着时间的推移，模型会退化，所以他们必须不断地对模型进行监控和管理。鉴于不同阶段所使用的技术是不同的，而这些技术又无法整合在一起，所以最终产生的模型和输入也会是不一致的。

数据库处理方法

为了应对上述风险和挑战，案例中的金融机构对数据库技术进行了概念验证，并从读出器中了解了该技术的直接价值。企业注意到，数据库处理技术可以充分利用数据库的大规模并行处理（MPP）架构，或者数据仓库的可扩展性，获得更佳性能。在数据存储的地方直接进行数据管理和分析可以提高分析速度和性能。这样不仅避免了数据搬运的麻烦，还可以改善数据管理。

数据准备

数据仓库为数据分析提供了主要的数据源。ETL 工具用以提取、转换和加载可以生成分析数据集的数据。在数据提取阶段，它会对数据源或系统进行存取，并提取且只提取可能用到的数据。提取到的数据会存储在数据仓库，为了保证数据传输的速度，需要借助高速连接器。之后再把数据转化为适用于模型开发的结构。

模型开发

数据分析模型开发一般由分析人员执行。模型开发者会提供多种选项，通过自动处理数据来解决异常值、缺失值、目标事件、曲解数据、相关的变量、变量选择、模型创建和选择等问题。模型开发完成后，分析人员会在元数据中注册中央模型包，模型包中包含模型部署所需要的所有评分代码。另外还包含优化评分代码，优化评分代码去除了所有多余的转化形式，只保留了评分代码中必要的转化形式。

模型包中还包含使用算法的名称、数据挖掘分析人员的名称和创建时间。这些都是有用信息，可以帮助进行数据管理。模型包与特定项目相关联，有利于模型开发团队查看由分析人员创建的模型和相关输出信息。对模型进行检查可以帮助确保之前所采取步骤的正确性，以及生产环境中所部署的是恰当有效的模型。

模型部署

模型在经过审查、签署，并宣布可以应用到生产环境之后，开发阶段就算是正式结束了。开发完成的模型之后会转化为供应商定义的函数，然后被放置在数据仓库中。供应商定义的函数即针对数据库的特定函数，包含模型运行所需要的所有评分逻辑。通过把供应商定义的函数放置在数据仓库，就可以利用其安全、审计和管理功能了。

下一步就是对模型进行评分。评分过程可以在数据库内执行，在执行时间上，可以在特定时间内运行，也可以通过设置一个触发点来执行评分。

模型监控和撤销

模型在生产环境中部署完成，并开始在规定时间内执行以后，就需要对其进行集中监测，因为随着时间的推移，其预测的性能将会减弱。企业可以使用模型管理器来查看各种需要监测的报告。当模型的性能退化到一定程度，就需要将其撤销，用核准后或创建的新模型来替代。一定时间后，要对模型进行重新核准或重建。

使用数据库处理的优势

除了上面提到的提高生产率以外，这家金融机构在使用数据库处理以后，还获得了很多其他增值效益。以下是使用该技术给企业所带来的有形和无形效益：

- 数据得到整合和统一后，缩短了模型开发时间；
- 评分代码无须转换，因而可以缩短模型部署时间，另外还避免了手动翻译模型的麻烦，手动翻译模型不仅耗时而且极易出错；
- 评分过程可以在数据库中直接执行，因而更加快速，在数据库内直接评分可以有效利用数据库的可扩展性和处理速度，能够将评分时间从几个小时甚至几天缩短到几分钟甚至是几秒钟；
- 通过在模型开发和部署阶段使用统一的过程和整合的技术，来有效降低风险。

本案例中的企业成功地把关注点和主要精力放在了分析的核心部分，也就是模型开发和部署。接下来，我想要给大家介绍另一个话题：数据质量。如果无法保证数据质量，那么分析的结果就很容易在决策制定的时候误导决策者。

数据库内数据质量

如果数据质量得不到保证，那么就会造成“无用输入，无用输出”的现状。我们生活在信息时代，所做的决策都是从数据中获取的见解来的。如果输入的数据不准确，而且我们不予以检查，最终就会破坏所有数据的准确性。不良数据对企业的影响可大可小，小至造成对信息的单纯误解，大至导致涉及数百万美元的决策错误。

事实上，已经有众多研究证明，很多数据仓库和分析项目的失败都是由于数据质量没有得到保证而导致的。鉴于很多项目的较高成本，以及信息准确性对业务分析的重要影响，改善数据质量已经成为企业数据管理的一个首要任务了。

大数据环境下，企业需要对存储的大量数据进行清理和整合。通过整合数据管理和数据质量，来获取对企业数据的统一可靠认知，从而确保企业的关键决策都是根据数据库中由高质量数据提供的准确信息做出的。只有首先确保数据库中的数据质量，我们才能信任据此做出的决策。

背景介绍

高德纳公司的一项名为《评估数据质量的商业价值》（Measuring the Business Value of Data Quality）的报告显示，在所有失败的公司业务计划中，其中 40% 都是由于不良的数据质量造成的。数据质量问题还导致了很多大数据仓库和分析项目的失败。据数据仓库研究所（The Data Warehousing Institute，TDWI）的一份报告称，不良的数据质量已经造成了数十亿美元的损失。[2] 数据仓库研究所的统计只覆盖了美国邮费、打印和人员安置方面的损失。无疑，由不良数据质量所带来的真正损失要远大于数十亿美元，除了资源浪费以外，还会造成客户的不良情绪、销售额下降、可信度受损，以及企业无法做出合理的商业决策。

企业运营有赖于数据。除了所在行业、营业规模或者所服务的市场，每家企业都需要依据数据来获取有益信息，从而制定有效的商业决策。然而不幸的是，尽管我们一再强调信息的重要性，却依然没有引起企业对数据质量的足够重视。没有人愿意承认他们的商业决策是根据不准确或不完整的数据做出的。据 TDWI 调查显示，75% 的企业都缺少数据质量检查程序。[3] 这项调查结果所透露的信息是，绝大多数企业都没有采取任何确保数据质量的措施，也没有考虑过数据质量对企业底线所产生的影响。

企业不惜投入数百万美元，将信息技术（IT）预算的绝大部分都用于创建数据库和数据仓库。在获取未来商业情报方面，企业部署了各种应用程序和系统，并努力创建信息收集过程。然而，许多人都忽略了这样一个事实：背后的数据才是最为重要的。如果支撑这些系统的数据是不一致、重复甚至是错误的，那么世界上所有绚丽的屏幕展示和报告都将变得没有任何意义。

企业收集到的和分析所用的数据质量很糟糕，这是由多方面的原因造成的，其中包括数据在本质上就是模棱两可的，以及对数据输入完美性的依赖。但是最显著的一个原因是：企业依赖于多种不同的数据源来获取对业务的整体理解。

信息收集的数量在以每年 10 倍的速度增长，互联网的发展是形成这一趋势最主要的推动力。随着收集的数据量越来越大，我们的世界也变成了包含电子商务、直销、客服中心和现有系统的多渠道世界。不良数据（如不一致、不完整、重复或者冗余数据）给企业造成的不利影响也越来越大，我们现在所面临的困境是：企业应该如何在所有应用程序、系统和数据库中优化企业对数据的使用？

就一家大型电子元件制造商来说，公司数据仓库主管意识到库存数据库和客户订单数据库存在信息关联方面的问题。库存数据库和客户订单数据库中对产品编号的表示是不一样的，但是公司对此没有采取任何措施。需要审核和更改的记录高达数十万条，然而公司并不具备可以完成这项耗时又艰巨的任务的资源。这一问题最终导致 500 多个客户订单无法完成。如果按照每位客户的平均订单价值为 5000 美元来计算，公司的最终损失就高达 250 万美元。

数据质量的定义

数据质量一般被定义为通过对信息进行调整安排，从而确保单项信息记录的准确性、及时性和一致性的过程。准确的信息依赖于数据的清洁和一致，一般包含姓名、地址、电子邮箱、电话号码等信息。好的数据质量意味着企业的数据是准确、完整、及时、独特和有效的。数据的质量越高，就越能够准确地展现企业、不同系统和部门，以及所在行业的真实情况。

使用数据模式分析、智能集聚、多种数据算法和其他成熟功能的先进技术，可以帮助企业所收集的数据是准确、可用和一致的。通过智能识别、标准化处理、纠正、匹配和合并数据，软件解决方案可以有效帮助企业解决数据质量的问题。

如今，企业希望数据质量工具可以具备更多的功能。TDWI 的报告显示，标准化处理和验证功能是企业希望数据质量能够具备的首要功能；其次是可以定义和验证商业规则的工具；另外还有匹配和整合功能，以及与分析等其他企业工具相整合的功能。

企业面临的挑战

不良数据也有多种来源，其中包括数据输入错误、错误的互联网格式数据、从外部资源购买或获得的错误数据，或者只是把好的数据同过时的数据混合在了一起，而没有进行区分。

创建高质量数据的一个障碍是要了解如何判断哪些数据是可获取的，并制订有效利用数据的计划。你需要判断哪些数据是好的，哪些数据是不良的，以及不良数据有多糟糕。大多数企业对他们系统和应用程序里的数据质量都没有任何概念。

根据 TDWI 的调查，几乎有一半（44%）的受访者表示，他们公司内部的数据质量要“比所有人想象得要糟糕很多。”[4] 同一份调查报告中列出了不准确或者不完整数据给企业带来的损失和让企业错失的机遇：

- 由于数据输入错误，导致账单无法出账，一家电信公司一个月就损失了 800 万美元；
- 由于客户和潜在客户信息重复，导致一家保险公司每年在邮递成本（邮费、退回、抵押品以及人员处理退回成本）上损失数百万美元；
- 一家化工企业，因为不能在全球范围内正确识别供应商信息，导致在按量采购的过程中损失了上百万美元。

遗憾的是，大多数企业都不够注重不良数据给企业带来的不利影响。如果数据质量不好，就一定会影响企业底线，这是一条毋庸置疑的真理。如果数据准确且完整，就可以在多个方面帮助企业减少成本，包括节约营销成本（例如，在直销中节约邮费和生产成本），以及帮助提高企业效率等。

根据上面提到的 TDWI 数据质量调查报告，在接受调查的所有企业中，几乎有一半是因为数据质量不好而遭受了不同程度的损失或问题。此外，很多企业还列举了在重复邮寄、库存过量、不准确账单和折扣混乱，以及客户不满、新系统部署延迟和收益损失等方面存在的损失。

作为战略资产的数据

数据应该被作为一种关键的战略资产对待，所以确保数据质量至关重要。企业收集数据的来源有很多种，包括历史遗留信息、数据库、外部信息源和网络等。鉴于数据种类和来源的多样性，数据质量往往难以保证。而数据质量问题又是很多企业都不愿承认和面对的。对企业来说，他们所面临最终的一个挑战就是要勇于发现和了解公司严重的数据质量问题，并迎难而上，提出解决方案。企业花费大量资金、时间和资源来收集数据，如果无法确保数据的质量，那么数据收集就变成了一种无用功，最终发挥不了什么作用。

在源头上对数据进行清洁，有助于提高数据仓库和分析成功的概率。这会帮助企业主动出击，而不是被动应对。仅仅收集数据是远远不够的。相比较而言，正确理解数据并确保数据的准确性更加重要。随着数据数量的增加，从数据中获得的不准确信息也会越来越多。要想尽早解决这一问题，就需要在源头上对数据进行清洁，防止数据质量问题蔓延到整个分析过程。

信息其实就是数据点之间的整合和互动。一旦某个数据列中的信息不准确，就会影响随后的结果，增加业务成本，并最终影响企业决策的质量。通过采取预防性措施，确保数据质量相比来说更加经济有效。数据清洁往后推延得越久，清洁本身所耗费的成本就会越大，需要的时间也会越长。

通过改善提取、转换和加载（ETL）仓库过程和数据质量之间的协作关系，可以帮助提高管理复杂数据整合的能力。把数据质量应用到 ETL 过程，可以确保数据整合和数据的准确性。数据仓库工作的重点主要集中在 ETL 过程，包括从多种数据源提取记录和字段，把数据转化成新的格式，以及把数据加载到其他目的地，如数据仓库或者数据集市。ETL 过程的目的是要给数据仓库提供整合后的清洁数据。数据质量专注于单个记录的内容，从而确保传输到目的地的数据是准确、可靠且一致的。

数据库内数据质量的价值

处理数据库内数据质量问题的技术在市场上出现仅有 3 年时间。提供该项服务的供应商为数不多。相比于数据库分析，这项技术还不算特别成熟和先进。确保数据库的数据质量，可以给业务分析人员和 IT 专家提供帮助。由于 ETL 过程的主要目的是给数据仓库提供整合后的清洁数据，所以很多 IT 专家都十分依赖于这个过程。然而，在数据仓库的输入准备过程中，数据质量也是关键的一个考虑因素。所以说，清洁数据的最佳位置是在源系统处，这样才能确保不良数据不蔓延到整个数据仓库和其他关联系统。要整合和清洁数据，有几种方法和过程可以采用。

数据审计和标准化处理

一个使用较为广泛的数据质量处理过程就是对数据进行标准化处理。现在，我们来看一下如何对数据库内的数据进行标准化处理。数据库内的数据或存储的一般数据通常都是不一致的。因为对于同一件事，有很多种可以表示的方法。如表 2.4 所示，同一个职务就可以有多种不同的表达方式。

表 2.4　同一职务的不同表述

姓名	职务
Jane Doe 1	VP of Sales（销售副总裁）
Jane Doe 2	Vice President of Sales（销售副总裁）
Jane Doe 3	V.P. of Sales（销售副总裁）
Jane Doe 4	Vice Pres. of Sales（销售副总裁）

假设一个直接邮寄活动计划从数据库中提取 5000 位“销售副总裁”信息，但是如果查询词条不能包含所有代表“销售副总裁”的表述，那么搜索结果就会遗漏部分目标名单。在对信息进行汇总或查询的时候，如果数据表述不一致，那么难度就会加大。对于信息表述不一致的数据，也很难执行有意义的分析。

数据清洁的第一步是数据审计。数据审计可以为数据字段提供数量和频率，此外还可以根据最大值和最小值识别报告唯一值和范围。在本阶段，你需要对业务和清洁规则进行定义。完成对数据值的分析以后，你就可以开始对标题进行标准化处理了。

数据整合和匹配分析

数据质量处理过程中另一个重要的环节是匹配和整合记录。如果你收到了 2 份甚至 3 份相同的订阅广告或杂志，那么你很有可能就是遇到了客户信息数据库中的“重复记录”问题。在订阅者姓名或地址的表述上，不同数据之间可能只存在轻微差异，如表 2.5 所示。

表 2.5 重复记录

姓名	地址	国家
William Doe	900 Sunset Dr（日落大道900号）	USA（美国）
Will Doe	900 Sun set Dr.（日落大道900号）	U.S.A（美国）
Bill Doe	900 Sunset Drive（日落大道900号）	US（美国）
Billy Doe	900 Sunset（日落大道900号）	United States（美国）
Mr. W. N. Doe	900 SunSet Drive（日落大道900号）	U.S.（美国）

如果 William Doe 有几种不同的联系方式，最后就会生成多项联系信息数据。我们看到其中的差异，很快就能意识到这些表述略有不同的数据代表的其实是同一个人，但是计算机却会把这些信息作为不同的记录存储起来，这也就是导致客户收到多份同一订阅广告或杂志的原因。在本案例中，资源按照不准确的信息进行了分配，然后又向数据仓库输入了重复或冗余的数据。如果企业定期向大量客户邮寄订阅广告或杂志，那么这个问题就会给企业带来极大的成本损失。

数据整合和匹配对数据管理和数据质量处理来说是最基本的一步。通过数据整合和匹配，可以把来源不同的数据关联起来，并识别代表同一个人、公司或实体的不同记录。整合过程可以把识别到的匹配记录整合到一个单独完整的记录（一般被称为黄金记录或者主记录）。

匹配和标准化处理是对来自不同平台和来源的数据进行分析、清洁和整合所必不可少的。这一步包括缺陷分析，对无效数据的更正，以及数据验证过程。

其他数据质量功能

标准化处理和数据匹配是数据质量最重要的两项功能，其他数据库功能还包括如下内容。

- **数据框**：确保在数据列中使用恰当的数据框。
- **提取**：从文本串中提取基于特定背景的实体或属性。
- **性别分析**：根据姓名判断性别。
- **识别分析**：判断某个文本串所代表的数据类型。
- **解析**：把特定文本串细分到不连续的独立实体中去。
- **模式分析**：展现特定文本串所代表的字符模式，可以帮助判断是否需要进一步进行数据质量处理。

随着数据库数据质量的不断发展，企业也希望数据质量能具备更多的功能。我相信，数据质量是征服大数据和数据分析必不可少的武器。

数据库数据质量的价值

和数据库分析一样，数据库数据质量也可以给企业带来有价值的收益和优势。数据质量处理远没有你想象得那般复杂，借助数据质量处理，可以帮助你加速数据处理的速度，并且会尽可能减少你的精力投入。此外，它还可以帮助你尽快掌握对大数据的管理，从而产生好的见解。数据质量具备巨大的潜力，会给你带来巨大回报。

借助数据质量处理，你可以：

- 更加灵活，以最快的速度来应对出现的新机遇和新挑战；
- 通过减少在搬运和管理数据方面的时间投入，提高生产效率；
- 把数据保留在可以有效操控的单一环境，增加安全性；

- 在企业内无缝管理清洁数据的流动；
- 用整合方案替代零碎化技术，有效控制成本。

事实证明，无视数据质量是要付出惨重代价的，所有需要依赖准确和一致信息的行业都是如此。数据质量是一个需要付出持续努力的过程。通过在源头解决数据质量问题，在数据清洁的问题上，企业就可以主动出击而不是被动应对了。通过把数据质量与数据库相结合，可以把失败风险、成本以及管理数据所需资源降低到最小。ETL 和数据质量的有效协作可以为你的数据仓库、数据集市或其他资源库提供清洁的整合数据。数据是一项至关重要的资源，企业应将其视为关键的战略资源，以便获得对企业准确可靠的认识。

对数据库处理技术进行投资

尽管我的客户经常向我表达他们对数据库处理技术的兴趣，但是却对采用和执行这项技术所需的投资或成本存有顾虑。我经常告诉他们以及潜在客户说，要采用一项新技术，就需要在软件、硬件以及人员培训方面进行投资。目前市场上仅有为数不多的数据分析商家与数据库服务供应商存在合作关系，并可以为企业提供数据库处理技术。

从软件方面来说，分析市场上也有多种不同的企业，包括开源供应商、小型初创公司、远见厂商和市场领头企业。很多开源供应商已经开始与数据库供应商进行整合，来为企业提供无须较高拥有成本的数据库解决方案了。在开放源码方面，现已有大量用户群在使用示例代码和实现途径，而且用户数量还在不断增长。但是，在分析大数据方面，开放源码存在一定的局限性，因为内存有限，而且其单线处理的性质也让其性能很受限。小型分析供应商也开始进入到数据库解决方案领域了。他们针对那些倾向于使用非传统手动代码技术的企业，为他们提供拥有更加现代化用户界面的低成本方案。另外，用户或许根本就不具备数据分析所需要的能力，在卫生保健、金融和制药行业，数据分析也还没有成为一种行业标准。最后，远见厂商或者领头企业提供的，是最为成熟有效的数据库解决方案。他们提供的功能，在深度和广度上都具有优势，此外，他们还提供经过验证了的方法、整合咨询服务和有记录的最佳实践。用户可以在对现有代码或过程做出最小改变的前提下，借助这些解决方案实现对数据库技术的应用。

顾名思义，数据库处理需要数据库供应商提供可以支持数据分析的硬件和软件。不同于分析市场，大多数提供数据库解决方案的数据库供应商都是有远见的厂家和市场领头企业。另外，在过去几年，有部分开源供应商也开始同分析服务供应商携手合作了。正如我们所预期的，相关应用为数不多，而且缺乏深度和广度，既没有正确的方法，也缺少成功案例。数据库市场上的领头企业已经开发出了高性能的成熟技术，以帮助企业减轻数据分析的重担。因为数据库处理技术可能会对数据库的性能产生影响，所以就需要采购额外的硬件，来单独执行分析任务。如果你考虑使用数据库技术，那么为了给你提供恰当的解决方案，供应商可能会询问以下问题。

- **数据库中需要处理的最大数据量是多少？**不管需要处理的数据量是小（吉字节）还是大（太字节），数据库处理都会对生产环境的数据库产生影响。我们绝大多数企业在将数据库应用到生产环境之前，都会首先以数据实验室或沙箱的形式创建一个开发或测试环境。
- **你知道数据库需要分析的数据的行数和列数吗？**之前已经提到过，在数据库内，数据库处理可以协助对数据进行关联、合并和汇总操作。如果能够掌握数据库中需要分析的数据的行数、列数以及类型，就能够帮助咨询顾问对需要付出的努力有个大致的预测。
- **具备数据库功能使用权的用户一共有多少？**如果公司只打算针对一个部门，如运营研究部门，配备数据库技术，那么获得相关批准以及购买数据库解决方案的成本就不会太大。但是如果公司计划在整个公司范围内推广数据库技术，那么就需要在软件和硬件方面加大投入，才能满足公司内部众多用户的需求。
- **有多少数据库会话需要同时运行？**数据库处理可能需要在整个公司或多个部门之间同时运行多个会话，以便准备数据和 / 或运行分析。根据公司的规模，可以先考虑在一两个部门推行数据库技术，验证效果之后再推广到整个公司。

如果应用数据库处理技术，公司需要对用户如何使用、管理和分析数据进行培训。在企业选择分析或数据库供应商的时候，应该考虑到这是否会影响到用户工作的方式。例如，公司选择的方案应该把对现有数据准备和分析过程产生的影响降低到最小。事实上，很多分析专家都需要重新使用现有代码。如果能够继续使用现有代码，就可以缩短用户的学习时间，减少对企业文化的影响。如果需要做出的改变不大，用户就会更容易接受和使用新技术。

在本章中，我通过电子商务公司、电信公司和金融机构这 3 家公司的成功案例，介绍了数据库技术给企业带来的价值。另外，我还强调了数据质量和数据库方法在帮助制定以数据为驱动的企业决策方面所发挥的重要作用。根据企业对数据库技术的不同需求，投资也可大可小。选择恰当的数据库解决方案可以对技术使用的价值、应用和成功带来积极影响。接下来，我会向大家介绍内存分析，以及该技术能够给企业带来的价值和效益。

尾注

1. Ekaterina Walter, “40 条有关客户服务的金句”,《福布斯》，2014 年 3 月。

2. Wayne W. Eckerson,《数据质量和底线：专注于高质量数据，获取企业成功》（*Data Quality and the Bottom Line*：*Achieving Business Success through a Commitment to High Quality Data*）（Chatsworth, CA：数据仓库研究所 , 2002），©2002 by 101communications LLC。

3. 同上。

4. 同上。

第3章

内存分析技术

数据是重要的战略资产，而且企业现在收集的数据也越来越多。数据量的增加一方面给企业带来了机遇，另一方面也增加了企业及时分析数据的困难。随着分析和数据管理的发展，以及相关管控要求的提高，我们急需具有创新性的新方法，来把大规模的数据快速转化为有意义的可执行见解。内存分析能够帮助企业克服这些困难，并对大规模数据进行快速有效地分析。这项新技术借助内存分析引擎来帮助快速解决分析问题，为我们带来了解决大数据问题的全新途径。和数据库分析类似，内存分析技术也无须对数据进行复制，因而可以给企业带来更大优势，如近实时分析等。

背景介绍

传统上，计算机有两种数据存储机制：物理磁盘（硬盘驱动器）和 RAM（随机存取存储器）。我记得自己曾经拥有过一台配备软盘的计算机，计算机配有 128 MB 的磁盘空间和 4 MB 的 RAM，但是那些日子已经成为历史了。现在，我的笔记本电脑配有 CD ROM 驱动器、500 GB 磁盘存储和 8 GB 的 RAM。存储单位也已经从兆字节上升到了吉字节，甚至更大。现如今，计算机拥有的磁盘存储空间要比 RAM 大很多，然而从磁盘中读取数据的速度要比从 RAM 中获取数据的速度慢很多，有时会慢上几百倍。如果使用传统磁盘技术来分析大规模数据，性能就会受到很大影响。

内存分析是查询数据的最新方法，可以在计算机 RAM 中直接查询数据，不需要进入到物理磁盘，如此一来就大大缩短了查询响应时间，帮助业务分析应用程序执行复杂的数据密集型分析，协助企业主动制定以数据为驱动的商业决策。

随着 RAM 成本的下降，越来越多的企业可以负担并开始应用内存分析。传统上，分析应用程序可以在 RAM 中支持缓存数据。旧有的 32 位操作系统只能为分析提供 4 GB 的可访问存储器。但是借助最新的 64 位操作系统，则可以提供高达 1TB 的可访问存储器（而且将来会越来越大）。随着技术的进步，我们现在可以在计算机 RAM 中缓存更多的数据，甚至可能缓存整个数据仓库或数据集市。

除了能够加快查询响应时间，内存分析还可以通过减少和避免数据索引以及存储预聚合数据或数据聚合，来帮助节约时间。这种能力极大地降低了 IT 成本，并可以促进分析应用程序的实施。据预测，内存分析应用到分析应用程序之后，复杂数据模型、数据可视化和分析过程的执行就可以更加快速和精确。

内存分析技术产生于 2011 年，目前还是一种比较新的技术，企业还处于探索学习阶段。应用了内存分析的企业，他们已经可以进行近实时分析了，不仅性能得到了改善，获得的见解也更加深刻。借助内存分析，企业可以利用有限的数据来执行更多的任务，同时还可以解决之前无法解决的很多商业问题。随着复杂数据探索和分析方法（描述性分析、预测性分析、机器学习、文本分析和规范性分析等）的不断普及，通过把数据和分析工作结合起来可以提高数据处理效率，帮助企业应对当今处于不断变化的商业环境。

传统方法

作为 IT 领域的消费者，我习惯了把数据存储在个人电脑的或本地服务器的硬盘上，在需要的时候随时访问。应用分析学其实与在电脑或本地服务器上存储数据类似。数据存储的过程相似，只不过你可能无法随时访问所有数据。传统上，数据一般都存储在服务器机房的磁盘上，只有业务分析人员有权访问数据，用于数据分析。

在传统的批量数据处理中，要想获得正确的数据，IT 人员不得不在磁盘之间反复处理大量数据，对数据进行来回移动。对 IT 人员和企业来说，这个过程不仅复杂，而且着实让人头痛。

不管所处的是哪个行业，也不论企业的规模大小，都遇到了以下几方面的问题。

1. **网络影响**：在对大规模数据进行分析的时候，会对 I/O（输入 / 输出）时间和资源产生影响。要把这种影响降低到最小，企业需要优化文件结构和数据库快速访问方法。这样才能把数据和工作负荷转移到内存，以便进行内存分析。
2. **数据聚合**：数据聚合需要占用很多处理时间。比较常用的一个方法是把聚合的数据存储在独立的数据集市，以方便用户在需要的时候访问和查询。另外，还需要借助编码来优化聚合算法，改善性能，不过这是一项很耗时的任务。但是，如果借助内存分析，那么就可以省去数据聚合的过程了，从而为企业节约时间和资金。
3. **数据搬运**：数据搬运是一项危险的工作。数据搬运不可避免地会造成数据副本在单独的服务器上存储，也就是说，会造成多余的重复数据和孤立数据存储，增加数据管理的困难。

有些方法可以帮助克服物理磁盘存储的局限性，如借助相关硬件 / 软件对存储在物理磁盘上的数据进行微观管理。对数据的访问越频繁，数据的存储就越接近主轴，而不经常被访问的数据，一般都会写在磁盘的外缘。

下面我们详细介绍一下内存分析及其工作原理。

内存分析方法

在执行复杂和高级分析的时候，相比于传统方法，内存分析具有众多优势，而且在分析大规模数据方面也具有创新性。在内存分析方法中，分析应用程序所使用的数据都存储在计算环境下的主存储器里。多数情况下，计算环境就是数据仓库本身。数据一直保存在数据仓库里，方便在需要的时候使用，无须从物理磁盘中提取数据。在进行分析的时候，再把数据转移到 RAM 内存中。由于数据是存储在内存中的，所以不同的用户可以在安全并行的环境中，在多个应用程序里对数据进行共享，而且计算的时间也很快。内存分析还充分利用了多线程和分布式计算，可以以聚合的形式在多个节点分布数据（和处理数据的复杂工作负载），如图 3.1 所示。

图 3.1 内存分析

传统方法和内存处理之间存在很大的不同，其中最主要的一点是分析数据的存储位置。现如今我们已经可以在市场上获得功能强大的商用硬件，企业也可以利用内存分析来处理数据了，这避免了对存储在磁盘上的数据进行反复转移和处理的麻烦。就内存分析来说，数据的永久存储还是在物理磁盘上，但是在有分析需要的时候，数据会读入到内存。两者之间存在的第二个不同，就是速度，这也是内存分析具备的最大优势。如果使用内存分析处理数据，用户可以直接把数据存储在内存中，无须在磁盘上对数据进行来回迭代处理或工作。终端用户也可以得到快速回复，不用担心在进行分析试验或测试的时候，基础设施方面会存在局限。此外，数据科学家也不会被局限在示例数据了。他们可以访问所有数据，并可以应用尽可能多的分析技术和迭代处理，以便寻找到近实时的最佳模式。

我们在第 1 章中就提到过，数据分析生命周期和内存分析不仅与查询和数据探索 / 可视化相关联，而且还可以结合更加复杂的处理方法如预测性分析、复杂模型开发和文本分析等进行使用。例如，回归分析、相关性分析、决策树和神经网络都和内存分析处理有关。

内存分析可以帮助解决以下传统方法所不能处理的问题。

- **从多种数据源中快速获取分析见解**。不同于传统架构，内存处理可以借助并行缩放功能，支持复杂的分析工作，提高性能。以前借助复杂分析模型需要几天甚至几周的时间才能完成分析，获取战略见解，现在只需几秒或者几分钟就可以完成了。我们将在本章后面举例说明。
- **使用整个数据集而不是小型数据子集进行颗粒度或深度分析，获取分析见解**。借助内存分析这项新技术，可以帮助你发现新机遇，缓解未知风险，通过近实时见解推动业务增长。使用内存分析的一个好处体现在数据聚合 / 细分。一般来说，在对数据进行聚合的时候，你会得到几个大的数据集，还有部分小数据集。但这些小数据集往往都包含“有趣的”群组信息（一般大的数据集都是“典型或平均”情况下的群组）。如果因为受到模型评估的限制，需要对数据进行细分，那么我们很有可能会错失一些有趣的观察点（因为我们不知道哪些数据集中包含有趣的信息，这也是为什么要进行数据聚集）。
- **把数字化数据同新的人口统计资料和外部受众结合起来**。在分析推文、帖子和文本的时候，这项功能具有很大优势。要想获得竞争优势，企业需要发现、分析，并积极应对那些快速发生的大批量事件（例如，2015 年每秒钟平均有 6000 条推文发布）。这些兴趣事件只有被企业有需要的部门所听到并理解，才能凸显其兴趣度。这就需要企业具备事件处理能力，可以借助基于上下文且以数据为驱动的行动，在公司范围内执行。数据吸收和事件处理能力可以帮助企业有效识别重要的模式和相关性，通过专注于企业活动，及时应对，促进目标的实现。很多企业已经意识到，他们不仅需要保持内存分析技术水平，而且需要不断挑战极限，借助内存分析来更快、更好地处理数据。

类似于数据库分析，数据仓库同样是内存分析中的重要组成部分，尤其是因为它所包含的数据是经过集成、清洁和提炼的。数据探索和可视化对内存处理十分关键，因为它可以对数据进行快速可视化，并提供有用的信息，例如，你正在处理的数据之间的关联性，以确定是否需要对数据做进一步分析以及需要进行哪种类型的分析。一位顾客表示，内存分析的价值在于："它可以向我展示我的数据以及数据中所包含的模式。"此外，由于内存分析较少依赖于IT来创建、保持和管理数据汇总和索引，因而可以允许终端用户进行更多自助服务。内存分析还有助于满足多样化和计划之外的工作负载（例如，发现关联性，或者在颗粒级别建立模型）。

使用内存分析技术的必要性

内存分析正在成为新的或下一代BI（商业智能）。领域内的许多供应商也已经开发出了具备点击和拖放特征的丰富可视化分析功能。内存分析可以帮助企业轻松访问数据，进行分析，很多企业也开始应用内存分析来开发交互式仪表板，以便最大限度地对数据进行探索。市场上有为数不多的几家供应商可以提供用于预测性分析和数据模型开发的内存分析技术。借助内存分析技术，企业用户可以快速处理数据，获取更多以数据为驱动的主动性决策。对IT部门来说，借助内存分析可以减少数据分析、数据汇总和性能调节等其他耗时任务。

根据高德纳公司的调查研究，内存分析技术不仅可以帮助恢复数据，而且还可以执行复杂的计算和查询结果，要比基于磁盘的方法速度快很多。内存分析技术不受传统商业智能（BI）工具在多维数据集或汇总表格等方面的限制，用户因而可以分析数据，并创建健康报表。近实时和专门查询功能可以扩展到容量更大，速度更快的交易行业，如金融服务、电信及零售。

企业采用内存分析可以解决很多传统方法所不能解决的问题，并提高性能，节约成本，加强管理。和数据库处理一样，企业对内存分析的需求也越来越大，并已经成为很多企业发展的主要推动力。接下来，我们介绍一下使用内存分析的必要性。

复杂的分析要求

传统的IT基础设施给企业带来了很多挑战，其中包括缓慢的查询功能无法支持复杂的分析要求。传统的 IT 基础设施跟不上当今不断变化的动态数据管理发展和分析要求，无法提供快速准确的分析。另外，其设计也无法高效地处理太字节（甚至以上）的复杂数据分析，而内存分析则可以。内存分析可以解决与大规模数据有关的复杂分析问题。

不断增加的数据量

数据库内和分析应用程序中的数据“爆炸”困扰着很多企业。企业捕捉和存储的数据量在以指数形式增长，另外还有众多半结构化形式的数据文件，如电子邮件、视频和自由格式的文本（如推特、脸书评论 / 状态、Yelp 评论和其他社交媒体资源等）。与此同时，执法机构也要求企业维护和存储连续几年内收集到的数据，以便在审计的时候使用，这无疑加重了企业的负担。内存分析不仅让大规模数据快速访问和分析成为可能，而且还可以提高投资回报率。

减少对 IT 的依赖

随着大数据的出现和以数据为驱动的应用程序的急速增加，企业意识到，企业内不同水平项目的数据管理和分析难度也越来越大。如果使用传统方法，查询和报告所需的时间太长以致无法执行，这就意味着数据管理无法实现。而内存分析则可以避免基于磁盘的复杂数据处理过程，也就可以绕过创建用于磁盘数据分析的摘要和汇总表格这个 IT 瓶颈。借助内存分析，业务部门可以执行更多自助服务。一位企业人士表示，得益于内存分析在速度上的优势，公司可以执行更多分析应用。

改善用户界面

供应商已经开发出了具有吸引力的直观交互式数据可视化解决方案，而且已经被作为常用的前端界面用于分析应用程序。对于那些不熟悉关系数据库和电子数据表格所提供的网格式分析和报告的业务分析人员和 IT 用户来说，这种直观的展示为他们提供了一种新范式。借助内存可视化工具进行数据互动和探索，为用户提供了用户友好型任务，如在饼图上单击或拖动数据到散点图，同时也可以以可视化的形式向用户展示数据之间的关联。

部门应用

内存分析是理想的部门级应用程序，由于在数据挖掘方面不存在操作上的局限，所以用户可以在深度和广度上对数据进行分析。内存分析的用户界面为用户提供易于使用的数据选择和常见的图形用户界面元素，如滑块、无线电火灾报警箱和复选框等，因而采用了内存分析技术的企业可以对数据执行更具探索性，可视化程度更高的分析。我接触到的企业，有的在企业范围内应用了内存分析，有的则只在部门层面部署应用了该技术，而后一种情况要更加普遍。

企业对内存分析的需求还在不断增长，我也见证了应用或执行该技术给企业带来的益处。下面介绍一下内存分析技术可以给企业带来哪些业务和 IT 方面的优势。

使用内存分析的优势

不论企业的规模大小，抑或是内存分析技术使用情况如何，使用该技术都可以给企业带来众多优势。应用了内存分析技术的企业，IT 和业务方面的处理、生产力和文化都发生了重大变化。使用内存分析技术可以给企业带来以下几方面有形和无形优势。

极大地提高性能

相比于在磁盘上执行复杂的分析任务，使用内存分析可以帮助用户更快地获取数据。举例来说，有家企业在使用内存分析技术之后，在回归模型中处理数据的时间从 167 小时缩减到了 84 秒。我会在下节中介绍更多的成功案例。

发现有趣的新见解

内存分析技术可以帮助企业用户快速执行复杂的分析任务，获取更多有趣的新见解，从而优化业务性能，改善商业决策过程。很多企业表示，该技术可以提供自助服务应用，帮助企业探索数据，通过对数据进行可视化来发现新见解。

节约成本

内存分析方法可以帮助企业随时分析任何类型的大规模数据，而且企业还表示，这种技术易于管理。IT 人员不必再对数据进行反复搬运，也无需对 ETL 过程进行性能调优，因而可以减少资源使用，节约成本。

以下是内存分析给企业带来的无形益处。

使用的便捷性提高了技术的普及率

内存分析技术给企业带来的最大益处，是其使用的便捷性提高了普及率。不过由于这种优势是无形的，所以企业很难意识到。内存分析软件可以帮助业务分析人员和业务线经理，在不必接受专业培训或具备专业技术知识的前提下，创建自己的报告、图表、图形和/或仪表板，因为内存分析直观的界面可以帮助用户通过简单地点击和拖动等操作来对数据进行分析。业务分析人员和非技术用户可以自主地探索自己的数据，数据规模和技术使用都不会给他们带来任何困扰，因而可以极大地提高技术的普及率。此外，使用内存分析技术不仅可以让数据管理者受益，而且可以帮助企业利益相关者使用、拥有和分析数据。内存分析帮助企业用户以全新的方式理解和展示自己的数据，并可以不受限制地以交互方式探索大数据。

减轻数据仓库的工作负担

使用内存分析技术可以免除相当一部分不仅耗时而且昂贵的（就 CPU 的使用和磁盘输入/输出来说）数据处理过程，减轻数据库或数据仓库服务器的工作负担。在内存分析中，分析引擎把数据从数据仓库或数据库中一次性或在需要的时候提取到内存。在夜间或非高峰时段，这一过程可以把数据填充做批量或递增负荷处理。如此一来，就可以在高峰时段减轻数据仓库或数据库的查询负荷。通过减轻数据库服务器或数据仓库的负担，企业可以提高性能，每小时可获取更多报告，还可以利用空出的数据库服务器或数据仓库容量执行其他的数据查询和任务。

允许技术使用部门进行自助服务

很多公司已经意识到，为部门或工作组设置内存分析技术使用机制，可以给企业带来很多便利和益处。在内存分析技术的应用方面，我接触到的企业可以分为两类，一类是针对高级用户，另一类是针对具体的部门，如销售或营销部门。在比较极端的情况下，企业为高级用户创建了内存分析的使用环境，来执行高性能分析，同时限制了另一部分人员，如博士或统计师等对技术的使用权。另一方面，企业也意识到了内存分析技术中自助服务环境的优越性，销售和营销等大的用户群可以在不给数据仓库增加负担的前提下自主操作。

专门分析

对于传统分析方法来说，专门分析（ad-hoc analysis）是非常受限，甚至是不存在的，因为要从磁盘中提取所需的数据需要花费大量的时间。鉴于内存分析在其基础设施方面的优越性，才使专门分析成为可能。借助内存分析，只需要在有分析需要的时候把数据提取到内存即可，它可以执行的是真正的“专门”分析。内存分析可以把数据从数据库或数据仓库快速提取出来，帮助用户对数据进行探索和分析，并创建分析应用程序来满足具体任务的需求。比如说下面这个例子，如果我们需要针对企业借助电子邮件或智能手机发送给客户优惠券，来分析优惠券使用情况与客户年龄之间的关系。那么我们就可以借助内存分析技术进行分析，然后创建合适的活动，通过给忠诚度高的客户提供更大的折扣来刺激消费。公司可以开展限时抢购或者限量优惠活动来吸引客户，增加销售。

上面介绍了内存分析的益处，下面分析下内存分析的工作原理。

入门指南

之前提到过，内存分析是一项相对来说比较新的技术，在市场上出现也只有大约四年（截止到本书编写）的时间。对于所有的新技术来说，人们都会质疑其功能，以及技术本身可以给企业带来的价值。在谈论内存分析技术之前，企业领导一般都已经具备了分析策略和相关路标。下面是在开始应用内存分析之前需要考虑的问题。

发现商业问题或机遇，考虑用户使用数据的目的

首先需要分析公司存在的商业问题或机遇。这个过程往往被认为是“无须动脑的”，但却是最为耗时，占用资源也较多的一个过程。每个企业都存在很多问题或麻烦，但如果只挑选出一个问题，用来进行技术或概念验证，这也是很费脑筋的一件事。企业肯定希望让自己的“钞票发挥最大的价值”，但并不是每个问题都是可以或应该借助内存分析技术来解决的。然而，如果你的企业是面向报表，且基础设施有利于促进假设分析、互动式数据探索、数据模式探索和新机会探索，那么应用内存技术无疑可以给你的企业带来很多益处。我一般建议企业从小处着手，在顺利解决一个问题之后，再逐步扩展，这有助于让人们看到新技术的价值。

了解 IT 和业务瓶颈

所有企业在发展的过程中都存在瓶颈。是否有用户抱怨数据查询的响应时间？复杂的查询和分析计算是否总是超时？不佳的表现是否阻止了用户和高管询问重要的业务问题？如果你的企业存在这些问题，那就需要考虑使用内存分析技术了，借助该技术为企业终端用户提供数据集成管理和分析。不过需要确保，技术本身不可在数据访问、分析和报告方面限制用户。

基于预期效益评估成本和预算

使用内存分析技术，需要公司在硬件、新软件、专业服务和相关培训方面进行一定的投入。内存分析技术部署涉及新的数据结构和分析，所以需要获得 IT 和业务人员的支持。就我所合作过的企业来说，尽管在内存分析上的投入都给他们带来了很多益处和价值，但是这种价值很难进行量化，也就是说很难以量化的形式来说服企业管理团队。一方面，在企业层面，管理者一般很难意识到技术本身所带来的低购置成本这种有形价值，如节约磁盘空间，减少数据搬运，整合平台，以及减少管理方面的人力成本。另一方面，在 IT 层面，尽管你获得了 IT 在硬件维护方面的支持，但是他们还是无法意识到内存分析所带来的无形价值，如使用的便捷性，业务分析人的访问权，以及专门分析功能，所以把两方结合起来至关重要。计划使用内存分析技术的企业，一般都会创建一个专门的商业案例，来考虑相关投入。在成本 / 效益分析和制定整体分析战略的时候，需要把内存分析与用户社区和应用类型结合起来考虑。

获得企业高级主管的支持

我合作过的客户和潜在客户都表示，在内存分析项目上，获得公司高级主管的支持是必需的。有很多项目（尽管已经取得了很大成果），最后都以失败而告终，究其原因就是没有获得高级主管的支持。高管的支持不仅可以给项目提供资金支持，而且会帮助你处理 IT 和业务部门之前相互推诿的状况。此外，支持项目的高管还可以帮助确定公司存在的业务问题，推动创新，提高底线收益。如果没有高管支持，就很难说服公司在新硬件、软件、服务和培训方面进行投资。

最后，比较重要的一点是要在决策初期就要让所有相关部门参与进来，包括 IT/ 业务用户和高管支持者，而且要确保在实际操作过程中所有相关方都积极参与。根据我的经验，如果所有相关方都参与到决策制定的过程中来，就会增加项目的成功率，这有助于在预算之内按时完成相关任务。

技术选择要求

在内存分析技术领域，许多供应商所提供的技术、特征、功能和基础设施都是相似的。然而，内存分析技术应用的成功与否在一定程度上取决于企业所选择的交付平台。应用了内存分析技术的企业表示，交付平台必须是以Web为启用/中心的。除了这点要求之外，还有以下几方面的技术要求需要考虑。

要和现有的集成数据仓库和商业智能相结合

要应用内存分析技术，数据仓库还是必须要具备的。虽然一些供应商宣传内存分析不需要或者可以避免开发数据仓库，对于只具备一个单一数据源或一个小型系统的小企业来说，这或许可行。然而，如果企业拥有多个数据源或大型的复杂系统，那么数据仓库仍然是捕获、转换和集成数据的理想平台。这种情况下，数据库功能便是整体基础设施的一部分。在你探索和选择内存技术的时候，请确保它可以与现有的集成数据仓库和BI环境相融合。内存分析解决方案通常附带可视化功能，可以融入BI应用程序和数据仓库，帮助发掘数据模式，构建复杂的数据模型，并将数据传送到Web或移动设备。

选择可扩展性方案

所有的至少是大多数我的客户所在企业都倾向于从小处着手，让某个部门首先应用内存分析技术。如果技术的应用可以给企业带来价值和积极的投资回报率（ROI），绝大多数（十分之九）企业随后都会选择升级应用，通过增加内存（添加节点）来处理额外的数据，以提高性能分析。也就是说，在选择解决方案的时候，需要选择一种可以随着企业发展进行线性扩展的方案，这一点非常重要。如果数据量以及需要执行的复杂分析和分析数据模型都有所增加，企业就需要确保选择的技术可以进行扩展，以支持当下和未来的需求。因此，选择一个可以提供企业级别的基础设施以支持企业战略决策和发展的解决方案十分关键。

确保近实时数据的更新

在创建报告或者数据分析模型的时候，都需要从数据源系统中提取数据，一般是从数据仓库中提取。内存分析直接把数据从数据源系统加载到内存节点，并且数据延迟可能会成为潜在问题。在SLA（服务级别协议）中，报告或分析需要在特定的时间窗口内进行交付。因此，内存分析解决方案需要与数据源或数据仓库进行高速关联，以便可以临时提取数据，或者可以在非高峰时段将其作为增量数据加载。具备灵活更新近实时数据的功能有助于促进以数据为驱动的决策制定。

数据管理和安全

根据企业选择的供应商和内存分析的基础设施，访问数据的终端用户的数量可能会超过预期数量，这就会造成潜在的安全问题。

- 用户是如何访问数据的？
- 谁拥有数据访问权？
- 数据存储在哪里？
- 需要分析的数据有多少？
- 哪些人可以看到并共享数据和分析结果？
- 数据是否可以在移动设备上共享？

最近几个月，全球范围内的私营和公共领域内都出现了数据安全问题。因此，如果企业能够选择一种注重数据管理和数据安全的解决方案，就可以减少所遇到的很多安全问题，无须花费巨资来进行安全补救，从而也避免了在公众面前出丑。我强烈建议企业选择可以提供以集中化数据服务器（如数据仓库或数据库）为中心的解决方案的供应商。拥有集中化的数据存储库可以帮助企业 IT 人员在较为安全的环境中管理数据。企业如果选择类似数据仓库这样的集中化数据存储库，那么内存分析技术相应地就会适应并遵从企业的数据安全措施。另外，在敏感数据的访问方面，我还建议企业赋予特定用户一定的访问特权，并根据员工在企业内的职务变动及时更新权限。

下面介绍一些成功的企业使用案例，在这些案例中，企业通过应用和执行内存分析技术，都取得了显著的成果。

成功案例

内存分析技术自引入以来，已经出现了很多成功的使用案例。前面提到过，内存分析技术主要用于数据探索和模型开发。数据库分析应用出现在 2005—2010 年，而内存分析的商业应用宣传则和赛仕软件与天睿公司一样，都起始于 2011 年。

全球金融公司：探索、分析销售和经营活动

我们要介绍的第一个成功案例是一家总部位于欧洲的全球银行和金融服务公司。公司拥有 9000 多家分支公司，员工超过 149000 人，全球网络覆盖 50 多个国家。

这家商业银行的业务覆盖欧洲 22 个国家，是在西欧和东欧市场上占有市场份额最多的企业。

公司应用和执行内存分析的一个主要目的是为了加强对数据的管理。作为一家金融公司，遵守相关规定和法则依然是必需的，尤其是在数据安全和管理方面。对公司来说，保护客户信息是他们的首要任务之一。

公司 CFO（财务总监）为公司的未来发展制定了 3 个主要目标。

1. 首先是精简和优化内部流程。公司的传统流程在把信息传递给销售和管理人员，这需要花费太长的时间，不利于制定以数据为驱动的决策。数据延迟已经成为一个问题，影响公司的竞争力和企业发展。
2. 其次是要创建战略价值和制定长期战略，借助先进的技术和近实时信息，帮助企业完成从被动应对到主动出击的转变。
3. 最后是要创建多样化的营销活动，借助多种促销和刺激活动，扩大公司的客户群，提高收益率。图 3.2 描述了这家企业应用内存分析的主要目标。

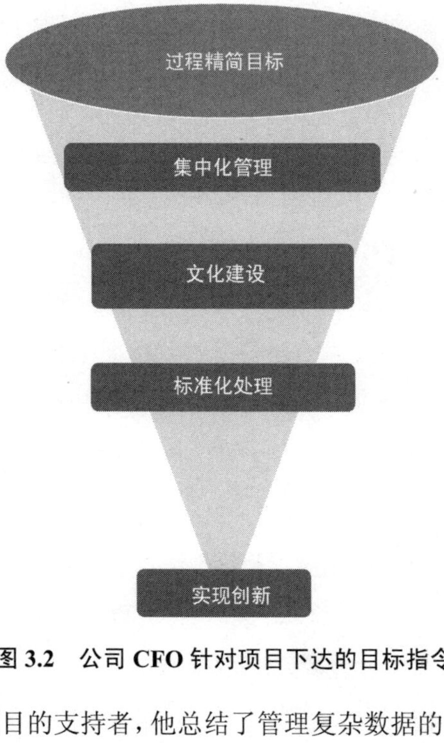

图 3.2　公司 CFO 针对项目下达的目标指令

公司 CFO 是本项目的支持者，他总结了管理复杂数据的关键领域和主要方案，帮助企业内部和各部门之间实现更加便利地共享数据。

集中化管理

集中化管理是企业的首要目标。多年来，数据一直在呈指数形式增长，并且都存储在多个不同的位置。相互独立的数据存储给数据管理、数据捕捉、数据标记和数据质量都带来了困难。由于企业没有中央存储器，如集成数据仓库，多个独立的数据存储就会造成不一致的分析数据和分析报告。通过把所有数据都集中到一个数据仓库，可以确保数据捕捉、整合、访问和分析过程的一致性。此外，对数据进行集中化管理，可以给企业提供一个单一的分析数据仓库，能够在确保遵守相关政策和规定的前提下加强数据管理。

文化建设

这是一个可以鼓励 IT 部门和业务人员共同努力的无形目标。正常情况下，IT 负责管理数据仓库，并给业务部门提供支持。因此，企业采用一个由 IT 和业务部门共同支持的，同时将分析和数据管理结合起来的统一方案至关重要。不仅如此，选择的统一方案还应该在不同部门和业务单位之间共享，包括企业高管、经理、业务单位和产品线。文化建设的目标是为了创建一个可以进行信息共享的企业环境，同时也注重不同部门之间的相互合作，增强协同效应。

标准化处理

在高级数据分析方面，目前为止还没有一种标准化的工具或处理过程。本案例中的商业银行在高级分析上使用的技术也不统一，其中包括内部开发和业务产品等。此外，业务报告在质量上也不一致，不利于管理层做决策。而对分析方案和数据平台进行标准化处理，目的就是要简化数据分析过程，减少数据运算的工作量，提高研究和分析效率。对分析方案进行标准化处理可以帮助提高资源利用率，增加资源本身的战略价值。企业实现了分析方案的标准化处理后，信息就可以在企业内部得到更加及时的共享，以确保公司所有人在业务发展上达成共识。

实现创新

在完成了集中化管理、文化建设和标准化处理之后，该银行的 CFO 最终希望通过创新来提高公司盈利和底线。公司相信，创新可以通过采用高级分析来实现，借助高级分析技术分析客户行为、客户关系、预测模拟和业务盈利能力。不仅如此，这也是在进入到 21 世纪后，公司在战略决策制定和保持企业竞争能力的战略需求。

分析销售和企业运营的传统方法都不尽如人意。很多数据都是独立存储的，而且有很多重复数据。由于很多数据都已过时，而且无法提供针对客户的统一认知，这就导致数据分析结果的误导性和不准确性。对企业运营来说，分析客户数据，并根据分析结果来提供相关报告是至关重要的。传统的分析模式无法满足分析人员在颗粒度层面对大量数据进行分析的需求。在借助传统方法进行数据分析的时候，员工 85% 的时间都浪费在了准备数据上，而不是专注于数据分析。

鉴于以上原因，企业急需一种创新性解决方案，借以帮助公司在颗粒度层面对大量数据进行详细分析，这不仅可以具体到每笔交易，而且还可以帮助分析人员专注于数据分析本身，而不必把时间浪费在数据准备上。而内存分析恰恰可以满足公司的这种需求，为企业提供一个统一、快速、可扩展的用户友好型解决方案。

转型重点

本案例中的银行对公司的业务进行了审查，在综合考虑了多种选择之后，银行认为公司需要一种可以专注于数据管理的高级分析解决方案。图 3.3 对比了公司变更前后的数据管理架构。

图 3.3 介绍了这家银行创建传统数据管理架构的过程和运作情况。变更前的数据筒仓模型有很多来自多个独立数据筒仓的数据源（遗留系统、支付系统、证券、市场产品和客户信息等）。在数据进入到系统之后，不同的数据使用群体，如管理、风险控制、会计和监管部门，他们都会根据数据的使用目的，采用不同的数据管理方法。由于公司内部各部门之间没有管理数据的统一方法，所以数据仓库里的数据就如同“一锅乱粥”。因为数据本身没有统一的格式，不同数据源之间也无法保持一致，所以数据本身和从这些数据中得到的分析结果也就无法让人信服。此外，由于传统的数据管理模式中存在 4 个独立的数据存储，这就意味着公司需要浪费更多的资源来管理和维护很多重复数据。这也就是前面这家银行所提到的繁重的“数据运算”。总而言之，管理层无法根据这种模式下所产生的不同报告来制定正确的决策。

对比变更前后的数据管理架构，右侧变更后的层级更加简洁，而且更加注重数据管理，对数据的分析上升到了数据管理的聚焦点，而不像在传统架构里那样，重点只放在对数据的报告上。公司坚信，通过使用数据分析技术，可以帮助他们制定以数据为驱动的决策。下面介绍变更后的新架构。

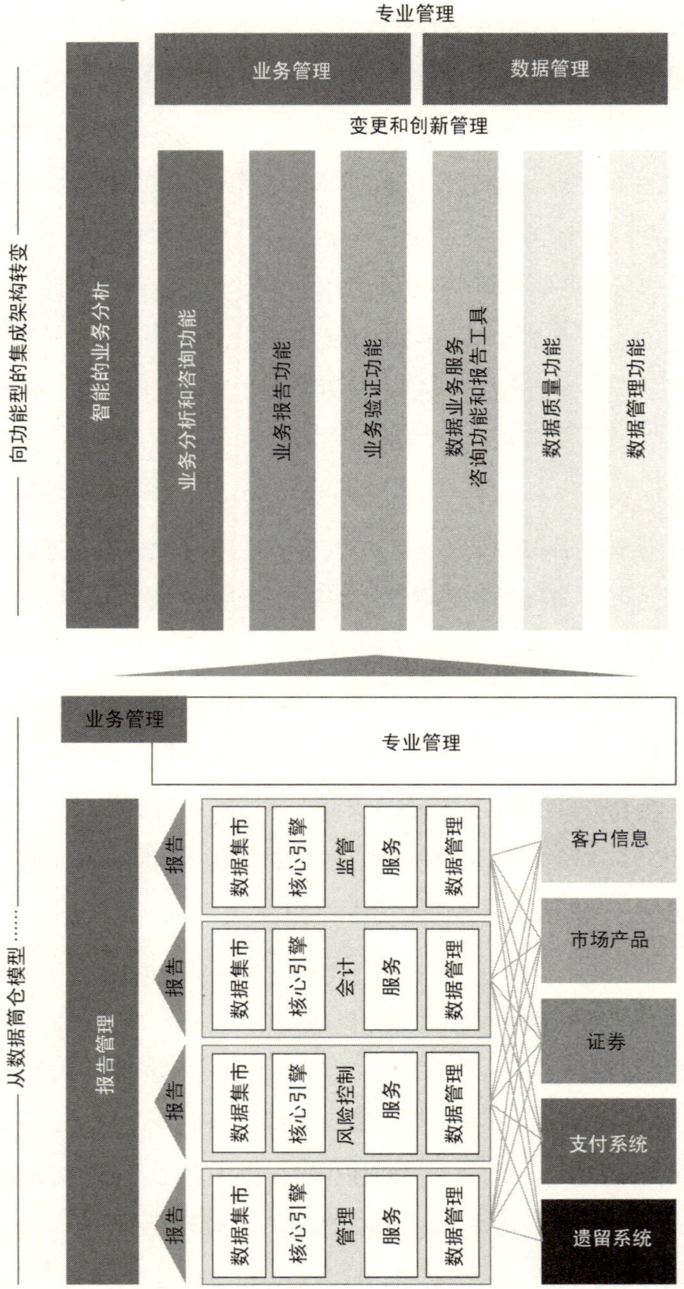

图 3.3 从传统的数据筒仓模型到功能型的集成架构

业务管理
数据管理
业务分析和咨询功能
业务报告功能
业务验证功能
数据挖掘、咨询功能及报告工具
数据质量功能
数据管理功能
内存分析
高级分析
数据集中
暂存区
企业数据
仓库
数据搬运
数据资源

图 3.4 整合数据和分析

前面介绍了这家银行对数据集中化管理、文化建设和标准化处理方面的要求，在变更后的新数据管理架构里，公司的这些需求都得到了解决。数据在进入到数据管理架构之后，会有一套标准化的方法来管理和整合这些数据。新数据管理架构还具备一个突出的优势，即它特别注重数据质量。而数据质量恰恰是很多企业极易忽视的关注点（请参考第 2 章中数据库处理中的数据质量部分）。在本案例中，我们的客户所在企业留出了一个层级来专门解决数据质量问题，以确保在对数据进行分析之前，所有数据都是清洁和统一的。每个业务部门，如管理、风险控制、会计和管控部门，他们在分析的时候，都是从统一的数据库中提取数据，因而也能确保运行报表中数据的一致性。另外，对 IT 和业务部门来说，在数据管理上存在功能交叉的方面。图 3.4 详细介绍了新结构是如何对 IT 和业务层面的数据进行管理的。

在建立了新的数据管理架构以后，该银行原有的 4 个独立数据集被整合成了一个统一的企业数据仓库（Enterprise Data Warehouse，EDW），便于 IT 人员整理和存储数据。EDW 在捕捉到数据以后，紧接着就会借助数据探索和报告工具，针对不同业务部门的需求进行数据分析。EDW 采用了高级分析技术之后，企业就可以执行更多的数据分析了，如验证和报告。下一节会详细介绍这家金融机构是如何应用内存分析技术的。

借助内存分析技术进行数据可视化和报告创建

在数据管理项目变更方面，这家金融机构的 CFO 有 3 个主要目标。

- 在系统的使用方面，确保公司各阶层，从高管到业务经理再到销售人员，都可以保持连贯性和协作性。
- 为管理层和业务人员提供近实时报告和分析。
- 对公司上下所使用的规则和方法进行标准化处理，以测量风险调整的绩效（risk-adjusted performance）。

这家银行引入了内存分析技术，并将其广泛应用于数据可视化和数据探索，为公司高管创建报告，同时把数据分析结果公布在公司的门户网站上。应用内存分析技术的一个主要领域是销售。在金融领域，很多企业都会向客户推销信用卡、贷款和其他类型的金融产品。举例来说，我们每个人都可能会考虑，自己是不是有资格去申请一笔贷款，以及（能申请到多少钱）去购买一辆汽车、一座房子或者开展一项新项目。银行借助内存分析技术在颗粒度的层面来分析客户历史数据，包括你之前是否申请过贷款，申请贷款是否被拒绝过；你是否有工作和稳定的收入来偿还贷款；你是否有拖欠贷款的记录；并根据你的信用记录和信用卡信用等级来判断可以授予你的贷款额度。上述这些都是银行所使用基本数据探索技术，银行需要获取借助相关技术来获取近实时数据，以便可以尽快答复申请者。图 3.5 展示了借助内存分析技术进行数据可视化和创建报告的过程。

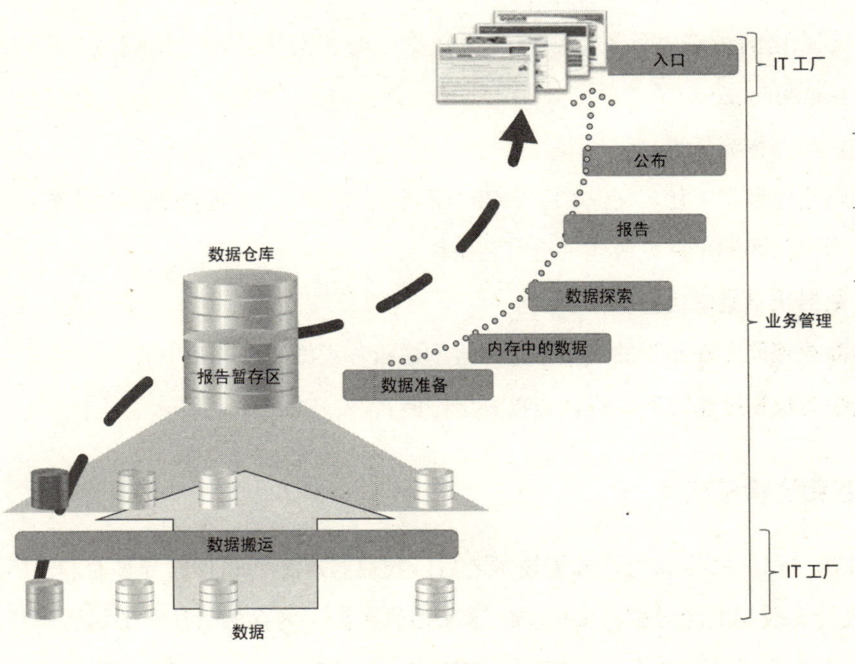

图 3.5 内存分析过程

数据在进入到数据仓库之后，接下来就是数据准备的过程，数据准备的目的是为了确保数据的格式符合分析的要求。如果数据的格式无误，之后便可进入到内存执行数据分析。分析的目的是要探索数据之间存在的关联，并基于申请者的信息输入来进行模拟，获得结果和场景输出，整个分析过程只需要几秒钟的时间。分析完成以后，系统会根据相应的运行机制产生报告，报告可以在门户网站上公布，也可以在仪表板、电子邮件甚至是移动设备上展示。

除销售领域以外，这家金融机构还把内存分析技术应用在了公司网络运营的分析上。借助内存分析技术分析公司网络容量，以及支撑公司业务计划的网络运行情况。公司不希望自己的网络系统遭遇任何故障停机时间，因为这会极大地影响业务运行，给公司带来收入损失。

之前需要花费几个小时甚至是好几天才能完成的分析，现在只需要几分钟甚至几秒钟就可以完成了。这家银行对内存分析技术的应用也从贷款申请数据分析，慢慢扩展到了网络运行监控，技术的使用人数也从2013年的1300人增加到今天的15000多人。内存分析技术不仅具备用户友好型界面，而且性能优越，让公司的这次转型极为成功。内存分析技术的优越性体现在以下几方面。

- 专业化的处理过程，为企业提供数据中心和网络的单一访问点（single point of access）。
- 优化工作流信息。
- 信息建设集中化，确保CFO、CRO和公司网络中共享的数据和信息统一，为部门间的可持续协作创造有利条件。
- 数据质量集中化管理。
- 商业智能专业知识的集中化，同时创建服务设施和服务器中心。
- 缩短数据准备时间，提高数据分析产能。

最佳实践和经验总结

在使用一项新技术如内存分析技术之后，我的客户都会和我们分享他们的所获得的最佳实践和经验教训。案例中的这家银行在使用内存分析技术的过程中所得到的一个重要经验就是：业务部门一定要成为项目的主要推动者，同时还要寻求IT部门的支持。公司在对技术和工具进行评估的早期阶段就开始向IT部门寻求支持了。这主要是因为，内存分析技术还是一项刚刚出现不久的新技术，公司在和多家供应商谈判的过程中涉及的概念验证不仅有业务方面的，还有IT方面的（包括集中化、标准化、文化建设和创新）。其他最佳实践和经验还包括以下内容。

- **获得管理层支持**：获得高管的支持是推动项目所不可或缺的。在本案例中，公司的CFO负责整个项目的推动，包括协调业务和IT部门之间的合作，以及监控数据管理架构的变更。高管的全力支持是本项目获得成功的重要条件。

- **创建术语表**：由于项目涉及业务和IT两个部门，所以这家银行创建了一个术语表，来定义相关过程和分类方法。对于同一个术语，不同的人往往都有不同的理解。银行创建的这个术语表对IT和业务部门所使用的共同术语给出了标准化解释。随着项目过程的推进，术语表也会不断更新，并在整个公司内部进行共享。
- **让所有相关部门尽早参与到项目过程中来**：在本案例中，公司的CFO让业务部门作为推动项目的主导方，同时协调IT部门参与进来，为项目提供基础设施方面的支持。由于数据准备是把数据导入到EDW的第一步，所以IT和业务人员都参与了进来，帮助定义数据准备过程。两个团队共同合作进行数据验证，确保数据的正确性和业务发展的统一性。此外，如果能让所有相关方尽早参与到项目中来，鉴于在技术选择的过程中参考了所有团队的意见，因而项目取得成功的可能性就会更大。
- **选择一种集成解决方案**：一个关键的实践经验是要把分析技术的选择与整个企业的数据仓库相结合。另外，所选择的集成解决方案必须能够提供从数据准备到数据探索再到高级分析和报告的终端到终端功能。最后，集成解决方案所包含的硬件和软件应该具备可以根据时代发展和需求进行线性扩展的基础架构。

上述这些最佳实践和经验都是项目成功所必须付出的团队努力和投入。案例中的银行还在不断扩大公司对内存分析技术的应用。由于技术使用率的提高，内存分析技术的用户已经超过了15000人，同时技术的应用也扩展到了更多的部门。此外，公司还会继续在移动设备上发布信息和分析报告，便于公司制定以数据为驱动的决策。

欧洲政府机构：分析税收和人口数据

上面已经介绍了几个在金融、电子商务和电信领域的成功案例，本节所介绍的案例是内存分析技术在公共领域的成功应用。本案例所介绍的是一家位于欧洲的政府机构，该机构主要为全国范围内的个人、企业和海关处理税收问题。随着国内人口数量的变动，该机构同时也要负责对大量的人口资料进行分析。为了紧跟人口变动的趋势，该机构要收集的数据也越来越多。

很多政府业务部门，如海关、税务、金融、执法和社会服务部门，他们查看数据的方法都十分传统，没有数据自动查看系统。如图 3.6 所示，要想了解某个人是否上交了物业税，他们需要依靠人力来翻阅纸质资料。他们处理资料的方式都十分落后，图 3.6 给出的只是其中一个示例。

图 3.6　手动查询纸质资料

和前面介绍过的金融机构类似，这家政府机构也存在很多数据筒仓，而且不具备管理这些数据的统一方法。

在完成数据收集后，数据分析就成了一项颇具挑战和耗时的任务。究其原因，是由于机构内所使用的分析工具过多，每个部门都使用他们各自的方法和工具来处理其独立存储的数据。该机构需要一个可以满足所有部门分析需求的分析工具。目前来看，由于基础设施的落后和数据的独立存储，要完成一项分析至少需要好几个小时甚至是几天的时间。该机构的 IT 和业务团队的日常工作能力无法适应国家的当前发展和人口增长速度。

应用内存分析技术

这家机构原有的内部应用已经无法满足自身发展的需要。在寻找新的分析技术包的过程中，他们综合考虑了各方面的因素。首先也是最重要的一点就是界面使用的便捷性。界面的使用必须要简便，并且可以提供自助服务功能，从而确保机构内部从分析师到高管层的人都可以轻松使用，无需进行编码。该机构考虑的另一个重要因素是，从初学者到新手再到数据统计专家等不同人员使用分析技术的深度和广度。技术本身必须是可扩展的，且能在分析不同来源的大量数据时保证分析的速度。在经过几个月的综合评估后，这家机构最终选择了内存分析数据可视化技术包，该技术可以和他们现有的数据仓库相结合。

鉴于内存分析数据可视化技术的灵活性、深度和广度，以及其使用的便捷性和分析的及时性，该技术已在多个不同的企业领域得到了应用。就本案例中的政府机构而言，数据可视化技术所具备的一个优势就是可以为收税人员创建一个专门的仪表板。在使用这项技术之前，机构的所有记录都是纸质资料，而且需要人力手动管理。而在应用了内存分析技术以后，该机构就可以在颗粒度层面对所有的客户信息进行分析，其中包括客户的姓名、地址、物业税值和欠税情况等。收税人员只要在移动设备上查看仪表板，就可以知道有哪些人还没有纳税，如图 3.7 所示。针对那些没有按时纳税的客户，收税人员还可以在系统上设置时间提醒，如果纳税人在逾期 30 天、60 天或者 90 天还没有纳税，系统就会发送提醒。当收税人去拖欠税费的客户家中收缴税费的时候，他们还可以向客户展示实时仪表板，防止他们抵赖。系统会进行动态数据更新，方便收税人管理数据。信息一旦在移动设备上进行了更新，系统就会自动更新到仪表板，确保机构中所有的工作人员都可以了解到最新动态。

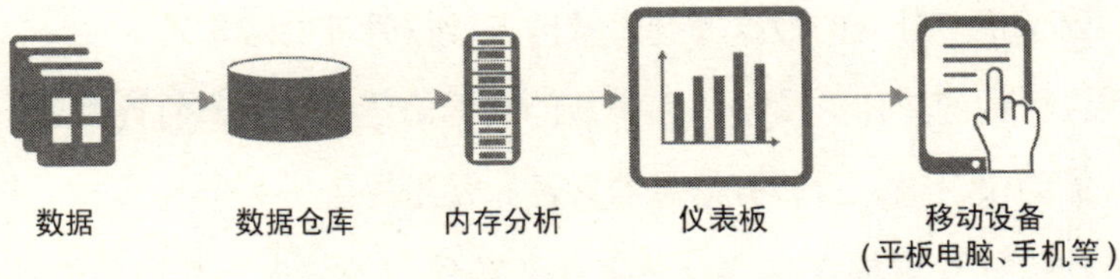

图 3.7 信息传输流程

从本案例中可以看出，内存分析技术能够很好地满足该机构对实时信息的需求，帮助其增加收入。

除了税务部门，该机构的海关部门也同样应用了内存分析技术。由于境外的包裹都会经由该机构进入到本土国家，因此他们需要收集数据，并进行筛选，以便于检查人员进行审查。借助内存分析技术，该机构就可以像扫描包裹那样对数据进行打包过滤了，通过对数据进行分析来识别可疑包裹，然后进行进一步检查。这种类信息会在各部门和高管之间共享，从而确保国家及其公民的安全。这家机构对内存分析和数据可视化技术的应用还包括。

- 对资源进行分析和评估，为机构的未来发展提供支持。
- 判断机构是否具备用于政府专项项目或者设施升级的足够资金。

- 对社区内的客户进行细分，针对特定区域增加巡警或执法服务，以便更好地为社区服务。
- 分析人口信息，判断特定社区内人口的增长或下降情况，并探索造成人口变化的原因。
- 为各部门提供足够的资金和资源，确保机构能够为社区提供可持续服务。

该机构目前还在不断扩大对内存分析技术的应用，该技术的用户已经从几百人增加到几千人。内存分析技术在机构中的应用率很高，而且得到了技术使用者的广泛好评，这主要得益于技术本身使用的便捷性和其优越的性能。之前需要好几个月才能完成的工作，在应用了内存分析技术之后，只需要几个小时就可以完成了，这让该机构十分欣慰。该机构因而也能够致力于自身的不断发展，努力为其国家和公民更好地服务。

这家机构还和我分享了内存分析技术在数据仓库整合方面所具备的优势。

- 跨度几十年的数据现在都得到了集中化管理，便于对数据进行有效的分析。
- 消除了很多独立的数据筒仓，节约了数据管理的成本。
- 允许机构的工作人员基于太字节的数据单位执行复杂的数据分析。
- （借助仪表板）为所有信息的共性和使用提供了一个统一的平台。
- 机构借助仪表板在移动设备上获取颗粒度的数据，从而帮助他们收缴更多的欠税，增加了机构的收入。
- 提高了分析人员的工作效率和信息的使用率。

对内存分析技术进行投资

我和公司客户谈论内存分析技术的时候，一个避不开的话题是在相关硬件和软件方面的投资或成本情况。当然，在技术上的投资取决于你的供应商以及你所选择的技术架构。就内存分析技术而言，每个供应商所给出的选择都是不一样的。在硬件方面，你应该会需要一个装置或单独的服务器来承载内存分析技术。装置或服务器上的节点应该是针对内存分析技术的。在选择硬件的规模方面，你应该和供应商携手合作，共同确定系统的恰当规模。根据企业的要求，你需要向供应商提供以下几方面的信息。

需要访问环境的用户有多少人？

这里的环境指的是支撑内存分析技术的软件以及装置或服务器。选取装置的规模应该要能够满足所有用户的需求，确保用户可以顺利访问数据仓库中的数据，并将数据提取到内存分析系统进行分析。

同时运行的并发会话有多少？

在整个企业或部门内，内存分析技术可能会在多个并发会话中同时运行。根据企业的规模，可以考虑首先在一两个部门内应用内存分析技术，并运行多个并发会话，如数据可视化和数据挖掘等特殊技术。

有多少并发用户在使用内存分析系统？

公司一般会先从小于 5 人的小群体用户开始使用新技术，然后逐渐扩展到上千人。先从小群体开始使用新技术的目的是对技术本身进行测试，了解技术的能力和性能，熟悉内存分析技术的价值。如果测试结果良好，用户的数量就会快速增加。那么你就需要了解，会有多少用户会通过移动设备来登录系统访问信息？

需要从数据仓库提取到内存分析系统的数据量有多大？

数据量的大小决定了装置或服务器中节点的数量。你需要谨记：装置或服务器中的节点都是为运行内存分析技术而服务的。在执行数据密集或者计算密集的高级复杂分析任务时，这些专用节点有助于确保分析的速度和质量。

数据量的最大使用规模有多大？

不管是吉字节还是拍字节，你所选择的软件和硬件都应该能够足以分析最大的数据集。多数使用内存分析技术的公司，他们需要处理的数据单位都是拍字节。

你知道内存分析中分析数据的行数和列数吗？

不管是客户数据，还是零售的 SKUS（库存单位），抑或是生产部件数据，多数企业需要分析的数据行数和列数都高达数千乃至数十亿。

在软件方面，市场上有提供具备深度分析能力的内存分析数据可视化方案，另外还有针对数据挖掘、统计、预测、计量经济、文本挖掘和优化的专门内存分析技术包。如果企业需要特殊行业的内存分析解决方案，供应商还可以提供反洗钱、风险管控和营销优化等方案。我的建议是，企业可以根据自己的需求选择一种方案进行测试，看其是否能够满足公司的要求。在方案得到验证之后，再扩大软件规模，并通过增加其他的软件包来扩大内存分析技术的应用。

在选择内存分析技术包的时候，还必须要确保技术能够和企业的数据仓库相融合。

读到这里，想必你已经对内存分析技术和技术的使用有了一定的了解。我倾向于把内存分析技术比作是奔跑的阶段，而数据库技术则是爬行阶段。下一章我们将介绍 Hadoop，在过去几年，Hadoop 已经成为 IT 领域的一个热门话题。Hadoop 是本书介绍的最后一项独立技术，随后我们会探讨企业是如何在环境中把数据库技术、内存分析技术和 Hadoop 技术整合起来使用的。

LEADERS INNOVATORS

第 4 章

Hadoop 技术

在处理数量不断攀升的大数据方面，Hadoop 作为一项新生的现代技术，已经成为领域内的一个热点话题，受到了越来越多人的关注。Hadoop 是一种管理结构化和半结构化数据，以及分析数据和交付成果的新途径。你可以找到很多介绍 Hadoop 的书籍、博客、文章和网站。不仅如此，还有很多以 Hadoop 技术为主题的会议，许多供应商也纷纷加入到了 Hadoop 的发展热潮之中，致力于开发、整合和应用 Hadoop 技术。鉴于 Hadoop 技术的开源特征和低成本属性，领域内的客户和潜在客户所在企业也比较看好这一新技术。我会在本章以一种简单易懂的形式对 Hadoop 技术进行概括介绍，包括该技术与数据分析和数据管理的关系，以及它是如何与企业的基础架构相融合的。如果你希望更加深入地了解 Hadoop，那么我建议你从互联网和软件供应商那里去寻找更多的资源，如 Hortonworks 或者 Cloudera。本章将要讨论如下话题内容。

- 什么是 Hadoop?
- 为什么要在大数据环境中选择 Hadoop？
- Hadoop 是如何融入现代基础架构中的？
- 有哪些最佳实践？
- 有哪些成功使用案例？
- 在大数据环境下使用 Hadoop 有哪些优势？

背景介绍

Hadoop 的发展历史是处于不断变动中的。根据我的个人调研，支撑 Hadoop 的技术基础是由谷歌研发的，同时在很大程度上受到了雅虎的影响。Hadoop 的技术理念是：更加便利地索引、存储和分析文本和结构数据，并为用户提供有价值的可操作分析结果。这虽然听起来小菜一碟，但是在当时，也就是 21 世纪初期的时候，市场上还没有任何能够在分布式环境中快速有效地处理超大数据的技术。在传统的数据库中，只有很小一部分数据能够得到格式化处理。谷歌最初的创新计划包含一个名为 Nutch 的开源项目，到了 2005 年或 2006 年前后，该项目发展成了我们现在所熟知的 Hadoop。Hadoop 是 Doug Cutting 和 Mike Cafarella 两人共同开发出来的，Doug Cutting 和 Mike Cafarella 至今仍在开源技术领域有着重要影响。Hadoop 的定义和用途有很多种说法，我在这里就用最简明的定义来进行说明。用非专业人员的话来讲，Hadoop 就是一项可以在文件系统中存储数据，并在分布式环境中快速处理海量数据的开源软件。Hadoop 的定义中涉及以下 3 个方面的内容。

1. **开源**：指源代码可以面向一般公众使用，并可以对原设计进行更改的软件或计算程序。
2. **存储**：指 Hadoop Distributed File System（HDFS），HDFS 是一分布式、可伸缩的便携式文件系统，可在多个服务器上存储大型文件（一般是从吉字节到拍字节的文件）。
3. **处理**：指 MapReduce，这是一个用于并行处理大规模数据集的程序模型。MapReduce 包含两部分。

   a．Map（映射）是执行和分类数据的方法。

   b．Reduce（归约）是数据汇总方法。

再详细点来说，MapReduce 主要是协调分布式机器网络中超大数据并行处理任务，同时管理系统中多个领域内的数据传输。图 4.1 简单介绍了 Hadoop 的基本架构，其中 MR 代表 MapReduce。

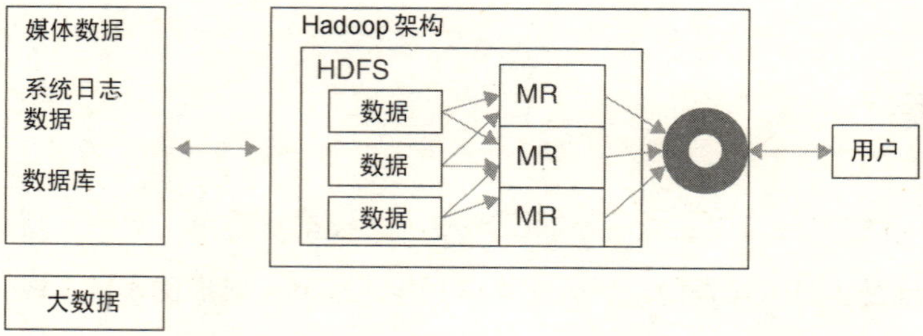

图 4.1 Hadoop、HDFS 和 MapReduce

在过去几年里，Hadoop 一直处于不断发展中，已经在开源和供应商领域发展出了自己的产品生态系统。目前 Hadoop 框架和技术生态系统由非营利组织 ASF 软件基金会管理运营，ASF 软件基金会是一家全球软件开发和贡献者社区。

大数据环境下的Hadoop

我们现在生活在大数据时代，数据生产和收集的数量都十分惊人。不仅如此，由于近年来各种新技术、新设备和通信类型如社会媒体的出现，世界每年生产的数据量也在飞速增长。另外，传统数据作为数据生态系统中的一部分，其数量也在不断增加。表 4.1 中列出了可以称之为大数据的数据来源，你可以根据表格中的具体描述来判断你的公司是否需要收集这些数据。

表 4.1 大数据来源

数据类型	描述
黑盒子	记录飞机、直升机和喷气机飞行人员的语音活动和飞行性能数据
电网	电网数据包含特定节点和客户在基站的电力消耗信息
传感器	传感器数据来自于通风设备、桥梁、电度表或者飞机引擎等机器或基础设备，另外也会涉及原油开采过程中的气象模式、岩层压力，或者病患在康复过程中的关键生命数据
社交媒体	脸书、推特、Instagram和YouTube等社交网站会在全球范围内从上百万用户的帖子、推文、聊天和视频中收集大量数据点
证券交易所	证券交易所保存的来自不同企业的“买”和“卖”交易决策信息
交通	交通数据包含汽车或卡车的出行模式、承载量、距离和可用性信息

续表

数据类型	描述
传统数据（CRM和ERP等）	成列成行的传统数据主要来自产品、客户和销售等的CRM、ERP和金融信息

除了上面提到的数据来源外，大数据来源还包括从客户服务中心的语音数据到基因数据，以及从生物学研究到医药的所有信息。企业如果能够意识到大数据的优势，就可以充分利用来自传感器、射频识别和其他识别设备的实时信息，从而帮助他们在颗粒度层面更好地理解他们的业务环境，创新新产品和新服务，以及时应对市场变化。在生命科学领域，获取实时信息的能力可以帮助治疗重大疾病。

如果你的企业目前正在收集表 4.1 中所列举的一种或所有数据来源的信息，那么传统的计算技术和基础架构可能无法支撑要收集的数据量、种类和速度。很多企业应该都需要一种新的数据平台，用以处理呈爆炸式增长的数据量、种类和数据收集速度。此外他们还需要一个可扩展的 IT 系统，应用于数据仓库、存档和内容管理。其他人可能最终需要从半结构化数据中获取商业智能价值。Hadoop 便应运而生，其产品生态系统能够满足企业的上述需求。Hadoop 不仅仅是一个大数据存储平台，同时还是一个用于分析的计算平台。因而 Hadoop 不仅可以让企业保持在分析方面的竞争力，而且可以帮助企业留住客户、发展客户，并通过数据分析改善企业运营。很多企业相信，如果利用得当，大数据会帮助他们释放新的企业能力和价值，并最终提高底线。

Hadoop使用案例

Hadoop与现代基础架构的融合

在探讨 Hadoop 与现代基础架构的融合之前，先来介绍一下传统架构。在传统的架构中，你的配置多数情况下只包含一个存储结构化数据和一般数据的数据仓库，数据可以借助分析和 / 或者商业智能工具来访问和分析。图 4.2 描述了典型的传统架构。

- **结构化数据来源**：数据来源也多是结构化的，如 ERP、CRM、遗留系统、金融数据、技术支持票和电子商务等。数据在创建和收集后，会存储在企业数据仓库或关系数据库中。
- **数据仓库或数据库**：这是企业主要的数据存储系统。数据仓库或数据库包含一个用于报告和数据分析的集中存储库。ETL 过程用于将数据提取、转换和加载到数据仓库，数据仓库中存储的都是整合后的净化数据。其他形式的数据存储包括操作数据仓库（operational warehouse）、分析数据仓库、数据集市、操作数据存储和数据仓库设备。之后用户会借助商业智能（BI）和分析工具访问数据，并进行数据分析。
- **业务分析**：这是传统架构中的分析和行为要素。用户可以借助商业智能和分析工具访问数据仓库中的数据，生成相关报告，用于制定以数据为驱动的决策。商业智能和分析工具包括特定询问、数据可视化、描述性分析、预测性分析、在线分析处理（OLAP 操作报告）和规范性分析。

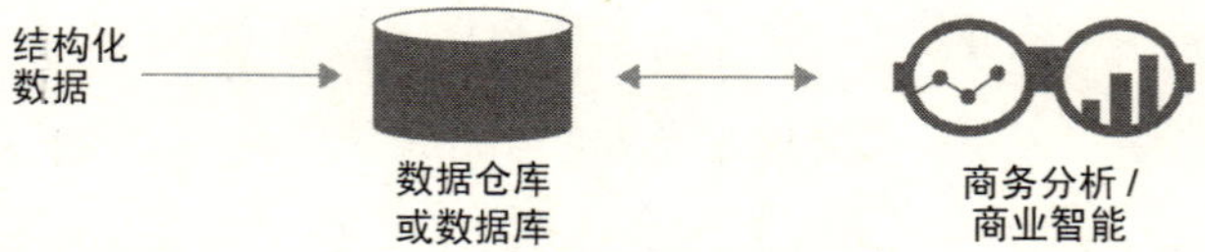

图 4.2　传统架构

数据仓库能够给用户提供整合后的统一的准确数据。业务分析中最主要的几个要素，如汇总、计数和列表，数据仓库都可以在几分钟内呈现给用户。通过把业务分析和大规模并行处理相结合，数据仓库可以为用户提供自助的数据访问功能以及良好的交互性。自助服务功能本身就具有重要的优势，而通过让用户与数据进行互动，又可以帮助用户更多地了解公司业务，从而产生新的见解。

数据仓库的另一个优势是并发性。并发性的特征可以允许多达数万位用户同时访问使用数据仓库。支撑数据仓库并发性的是大规模并行处理引擎，它可以确保多位用户同时高效顺利地使用数据仓库。

Hadoop架构

随着公司业务的发展，数据仓库可能无法满足企业发展的需要。数据仓库无法完全满足企业的信息需求。这种需求的增长一方面是由于企业使用数据的成熟度提高，另一方面则是因为新技术的出现。

举例来说，位于数据仓库中心的关系数据库可以借助 SQL 进行完美的数据处理。然而一旦数据无法通过 SQL 进行处理，那么这就会极大地限制对不是以行列格式存储的新数据的分析。无法很好地融入数据仓库中的其他数据来源包括文本、图片、音频和视频，这些数据都属于半结构化数据。这就是为什么要把 Hadoop 引入到架构中来。

Hadoop 是一个产品系列（Hadoop 分布式文件系统，即 HDFS、MapReduce、Pig、Hive、HBase、Mahout、Cassandra、YARN、Ambari、Avro、Chukwa 和 Zookeeper），每个产品都具有多种不同的功能。要了解产品的详细信息，请访问 www.apache.org。用户可以从 Apache 软件基金会和软件供应商那里获得相关产品。

数据在存储到 Hadoop 之后，就可以借助大数据应用对数据进行分析了。图 4.3 描述的是一个独立操作的 Hadoop 简单架构。

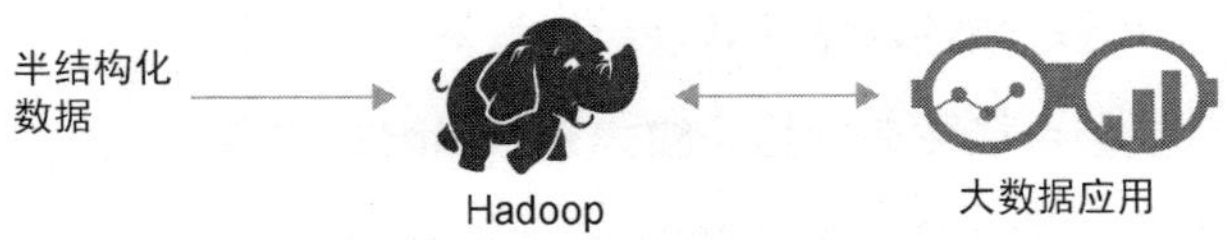

图 4.3 Hadoop 架构

- **半结构化数据来源**：半结构化数据不能存储在关系数据库中（以行 / 列的格式）。这些数据来源包括电子邮件、社交数据、XML 数据、音频文件、图片、GPS、卫星图像、传感器数据、电子表格、日志数据、移动数据、RFID 标签和 PDF 文件。
- **Hadoop**：Hadoop 分布式文件系统（HDFS）是 ApacheHadoop 开源项目中的一个数据存储要素，是收集半结构化数据来源的理想方式（然而，这种方式同时也能够存储结构化数据）。在上面这个例子中，这个简单的架构就可以收集所有的半结构化数据。Hadoop HDFS 的设计特点降低了商用硬件的运行成本，并且可以以较低的成本在整个服务器农场中快速扩展。

MapReduce 是 Hadoop 的关键要素，是资源管理和数据处理的核心，同时还允许程序员编写能够处理海量数据的代码。例如，程序员可以借助 MapReduce 来定位朋友的位置，或者计算某个社交网络应用中联系人的数量，或者通过处理网页日志数据来分析网页流量和流量模式。另外，MapReduce 可以在 HDFS 中直接处理数据，而无须对数据进行移动。MapReduce 还配有内置的恢复系统，一旦系统出现故障，MapReduce 就会调出备份数据。不过，尽管 MapReduce 处理数据的速度要比传统方法快很多，但是它必须以批量的方式来执行任务。对于需要频繁以及 / 或者近实时地处理数据的企业来说，这是一个弊端。幸运的是，随着 Hadoop2.0 版本的发行，资源管理功能已经被单独打包（被称为 YARN），所以 MapReduce 可以专注于大数据的处理，而无须担心会受 MapReduce 的影响而瘫痪了。

- **大数据应用**：这是基于 Hadoop HDFS 中的数据的一种分析和行为要素。Hadoop 中创建了很多应用、工具和程序，帮助用户获取、互动和分析数据，并根据 Hadoop 和其他非关系存储系统中的数据来制定决策。不过大数据应用并不包含传统的商业智能 / 分析应用或工具，尽管这些应用或工具已经得到了扩展，并可以用以支持 Hadoop 了。

自 Hadoop 出现以来，针对 Hadoop 到底能做些什么或者无法做些什么，市场上有很多夸大其辞的宣传。Hadoop 当然不是可以解决所有数据管理和分析问题的万能钥匙。Hadoop 只是一个提供管理和分析大数据的多功能产品生态系统。Hadoop 具有它独特的优势，但同时也存在一定的局限性。

- **并非数据库**：数据库能够提供多种管理数据的功能。Hadoop 虽然拥有一个分布式文件系统，但是并不具备索引、数据随机访问、标准 SQL 支持和查询优化等功能。随着 Hadoop 的不断成熟和发展，这些功能也有可能会慢慢添加到其产品生态系统中来。但是就目前来看，还是建议你选择 HBase 而不是 HDFS 来获得 DBMS 功能。另一个不错的选择是 Hive，Hive 也可以提供类似 SQL 的界面，用于管理存储在 Hadoop 中的数据。
- **无不同“温度”数据**：访问数据的频率一般被称为数据分析“温度”，数据“温度”会对数据仓库的性能和功能产生影响。Hadoop 不具备成熟的查询优化功能，也无法按照不同的性能将“冷”“热”不同的数据分别存储在不同设备上。这也就是为什么 Hadoop 一般都会和 DBMS 配合使用，DBMS 会帮助处理 Hadoop 上的数据，并将结果传输到数据仓库。

- **缺少用户界面**：用户界面可以提高用户使用的便捷性，但是很遗憾，Hadoop 并不具备用户界面。在所有的客户反馈中，缺少用户界面是 Hadoop 的一大缺陷。为了弥补这一缺陷，很多供应商都创建了可以借助用户界面访问 Hadoop 的应用程序。
- **深度学习曲线**：在和客户的谈话中，我了解到，鉴于 Hadoop 是一项新兴技术，加之又没有足够的专家可以咨询，所以会存在深度学习曲线。在你刚开始接触 Hadoop 的时候，编写代码会是一项沉闷、耗时而且成本极高的任务。由于 Hadoop 的开源本质，环境的不可信和不稳定性也会产生一定的问题。
- **有限的数据操作**：连接数据是数据准备中一个常见的操作。尽管 Hadoop 可以完成简单的数据连接，但是就复杂的数据连接和 SQL 而言，其工具就十分有限了。连接数据的过程需要涉及较广的编程，这也需要企业有一定的时间和资源投入。
- **数据管理和整合**：数据库或数据仓库具备 ACID（原子性、一致性、隔离性和持久性）特征，这也就保证了数据库事务可以得到有效管理，并能确保其一致性。企业要确保数据分析和结果的一致性，就面临着一定的压力。
- **缺乏安全性**：Hadoop 不具备 RDBMS 所具有的安全性特征，如行或列级数据管控、认证机制和加密机制等。

鉴于以上原因，我强烈建议用户把 Hadoop 和企业的数据仓库结合起来使用。Hadoop 和数据仓库结合后可以充分发挥两者的优势：既能够有效管理结构化和半结构化数据，也能够确保分析的性能优化。我们会在下一章把各种技术综合起来介绍，并给出更多的解释和示例。

了解了 Hadoop 的功能和使用之后，下面介绍几个 Hadoop 的最佳实践。

最佳实践

在和客户谈论 Hadoop 的过程中，他们根据自己的实践经验和我分享了使用 Hadoop 的一些注意事项。需要了解的是，随着技术本身的不断成熟和发展，会有越来越多的最佳实践产生。

小处着手，逐步扩展

每个企业都会开展很多项目，而要解决过程中出现的很多问题，你就需要依赖于科技。“专注于一个可以给你带来超值回报的项目”，这种说法你肯定听说过。对 Hadoop 来说亦是如此：确定一个能够解决你当前迫切需求的小项目。根据我的个人经验，有很多企业项目都是因为太过复杂、缺少资源以及成本较高而最终以失败告终。选择一个小项目开始，可以帮助 IT 和业务人员快速熟悉新技术。Hadoop 的一个优势在于，你可以从小处着手，然后逐步增加节点。

慎重选择商用服务器

很多数据库供应商都提供商用 Hadoop 应用或软件，商用 Hadoop 可以更好地和企业数据仓库基础设施相融合。不过，我接触到的企业，只有部分选择了商用服务器来控制成本和预算。商用服务器其实就是多个磁盘的简单组合，只具备存储数据的单一功能。如果采用商用服务器，企业还需要培训员工，帮助员工了解 Hadoop 的使用和管理知识。当然使用商用服务器也不失为一种选择，但是它不一定契合你的企业数据环境。

基础设施监控

之前提到过，Hadoop 是一个产品生态系统，包含多个具有不同功能的产品。其下属产品都是与数据和数据管理相关的，但是我建议企业对基础设施进行监控。通过监控基础设施，你可以提前诊断出问题所在，并且在问题初现的时候及时解决，如磁盘容量或磁盘瘫痪等问题。

创建数据整合过程

不管是哪种数据管理技术，数据整合过程都是至关重要的。Hadoop 可以存储所有数据，包括结构化和半结构化数据。Hadoop 允许你先填充数据，稍后再对数据结构进行定义，并确保对所有数据都进行标准化处理、命名和定位，这可以让后期分析更加轻松。很多企业都把 Hadoop 作为所有收集数据的分级区使用。数据整合过程的创建可以提高数据的可信度和准确性。

逃避不了的压缩问题

多年来，IT 人员对于压缩问题一直是爱恨交织。RDBMS 也存在这个问题。压缩处理可以节约空间，但是就生产系统而言，这又会让性能受限。而 Hadoop

则可以充分有效地利用和处理压缩的问题，同时又可以提高存储使用率。

加强多环境基础设施

和其他的 IT 项目一样，在 Hadoop 的使用方面，我也会建议企业创建多个环境（开发、测试和生产）的基础设施。这不仅是因为创建多个环境的基础设施是一项常用的最佳实践，而且受 Hadoop 这项新技术本身的性质影响。Hadoop 生态系统中的所有项目都处于不断变化之中，创建一个非生产环境用来测试系统升级和新功能就尤其重要。对于只创建了一个单一环境的企业，他们后期的升级一旦出现问题，就要付出惨重的代价。

保留主节点和工作节点的独立功能

主节点（master node）和工作节点（worker node）所发挥的是两种截然不同的作用。主节点监管和协调数据存储功能（HDFS）。主节点应该设置在具有多个电源适配器和冗余特征的服务器上，如独立磁盘冗余阵列（RAID）。鉴于其冗余特征，主节点同样可以在虚拟环境中发挥很好的作用。而工作节点顾名思义就是运行工作的主力军，负责执行所有的数据分类和计算任务。因而工作节点应该专门针对其功能来设计。如果没有在同一个服务器上区分主节点和工作节点，就会产生不必要的问题和麻烦。

保持简洁，不要过多创建

你创建的第一个 Hadoop 项目应该要小而简洁。在创建第一个 Hadoop 产品生态系统的时候，你很容易会兴奋过头。创建硬件和软件的成本一开始并不高，但是你需要保持警惕，所创建的项目只要能够满足最初的要求，可以解决你的业务问题即可。随着项目的创建，你可能需要根据项目的结果和性能对你所选择的服务器进行修改。正如人们常说的，添加要比删减容易得多。

充分利用开源社区

每个项目都会出现一些问题。但即便你遇到了问题，还有本地或在线社区给你提供支持。Hadoop 是以开源社区为驱动的，你只需要在在线搜索引擎上点击“查询一下”，问题基本就能够迎刃而解了。Hadoop 生态系统还在不断发展，而其开源社区也是帮助你解决各种问题的重要资源。

最佳实践的践行

关于 Hadoop，社会上有很多褒贬不一的夸张说辞。你可以把 Hadoop 看作是一个大数据存储或“数据湖”，用于存储数据并进行后期处理。我强烈建议你采取上面介绍的一些最佳实践，在项目脱离控制之前，创建相关文档和规定。因为项目一旦脱离控制，就需要花费很多成本和时间来修复，最终有可能会影响到整个项目的进展。

在熟悉了 Hadoop 技术和其最佳实践之后，接下来介绍一下这项技术的优势、使用情况和成功案例。

Hadoop的优势

上一节提到应用了 Hadoop 的企业都意识到了这项技术的商业价值和在 IT 方面的优势。下面列举一些最常见的优势，当然随着技术本身的不断成熟，它在商业和 IT 方面的优势也会越来越大。

快速存储和处理各种类型的大数据

Hadoop 在存储和处理各种类型的海量数据方面具有很大优势，其中包括结构化数据和半结构化数据。在大数据领域，3V 因素——数据的数量（volume）、种类（variety）和增长速度（velocity）——在不断增长，尤其是社交媒体和物联网（IoT）方面的数据。

灵活处理数据结构和预处理

在存储数据之前，你可能需要首先对关系数据库和数据仓库按照行列格式进行整合。这个预处理过程会耗费大量时间和资源。但是如果使用 Hadoop，就不会涉及数据的预处理，你只需要直接对数据进行存储和使用就可以了。除了结构化数据，Hadoop 在处理半结构化数据，如文本、图像和视频方面也十分灵活。

容错机制

容错机制可以保护数据和应用程序不受硬件故障的影响。如果某个节点或服务器出现了问题，那么你的工作就会被自动转接到网络内的其他节点，从而确保分布式计算不受影响。另外，所有的数据和副本都是自动存储的，所以你无须担心会丢失数据。

可伸缩性

Hadoop 的分布式计算模式能够快速处理海量数据，不管你需要处理、分析和管理的数据是太字节还是拍字节单位的。如果你需要更大的计算能力，只需要在服务器上添加更多的节点就可以扩大数据处理能力了。

低成本

我前面提到过，你可以使用低成本的商用服务器来运行 Hadoop，存储超大数据。此外，由于 Hadoop 是开源软件，所以它的框架也是免费的，这也是吸引多数企业考虑使用 Hadoop 的一个重要因素。

成功案例

数据仓库研究所（TDWI）近期公布了一份《最佳实践报告》，报告总结了各个行业在 Hadoop 使用方面的一些有趣特点。[1] 报告共涉及多个不同的调研，在其中一项调研中，他们要求参与者列出对各自企业来说最为有用的 Hadoop 应用。下面是报告中对各种应用的统计结果。

46%：数据仓库扩展

换句话说，Hadoop 可以与数据仓库或者 RDBMS 互补。Hadoop 可以用来存储半结构化数据，而数据仓库则可以存储传统的结构化数据。

46%：数据探索

Hadoop 是一个理想的数据探索平台，可以帮助你了解自己的数据，在对数据分析之前掌握数据背后的商业价值。一旦你对自己拥有的数据有了全面理解，就可以着手进行数据分析了。

39%：为数据仓库和数据整合服务的数据分级区

如果不在数据仓库平台使用 ETL 处理，你还可以借助数据整合处理来对数据进行分级，为数据加载做准备。这为企业管理数据提供了另一种选择，他们可以只在有需要的时候把数据加载到数据仓库，其他时候数据都可以保存在 Hadoop 上。

36%：数据湖

数据库被认为是适用于所有数据类型的大型存储库，例如，你可以把所有刚刚生成和捕捉到的原始数据都存储起来，随后再决定要保留哪些数据。

36%：非传统数据（网络日志、传感器、社交数据等）的可查询档案

数据仓库是传统或结构化数据的档案平台，而 Hadoop 则可以视为是半结构化数据或非传统数据源的档案平台。在数据存储方面，Hadoop 是成本较低的选择，而且不会过时。

33%：面向高级分析的计算平台和沙盒

沙盒是指通过把新数据与现有数据相结合，来探索和评估新想法和新机会的区域，它可以在不干扰生产环境的前提下创建实验设计和特殊查询。沙盒是测试和检验数据库或内存分析功能等新功能的理想方式。

根据我的个人经验，你可以轻易地在网络上找到很多 Hadoop 的公共使用案例和成功案例。由于谷歌和雅虎本身就参与了技术的开发和发展，所以他们自然也是 Hadoop 的用户。根据我的研究，我发现不同的使用 Hadoop 的企业，他们的情况在本质上都是相似的，而且有一个共同的使用目的：借助 HDFS 和 MapReduce 来支持半结构化数据。

全球在线和社交网络网站

我们要介绍的第一个案例是一家美国企业，公司主要提供在线社交网络服务。公司网站拥有数千万用户，每天有数十亿的网页浏览量，需要处理的数据单位也高达太字节。考虑到这家公司的性质，它需要处理的数据量要远大于传统的企业。公司在 Hadoop 出现之初就引进了这项技术，帮助企业探索数据，改善用户体验。

背景介绍

这家公司面临的一个挑战是，他们需要开发一种可以伸缩的海量数据存储和处理方式。收集和分析历史数据是公司改善用户体验的一个主要途径。

几年前，公司开始使用 Hadoop 技术来处理其海量数据消耗和聚合。在引入技术的初期，公司还不确定把一些有趣的数据集传输在小型服务器集群中是否可行。然而开发者们很快就发现，MapReduce 程序模型可以用来处理大数据集。

借助Hadoop探索数据

Hadoop 的应用取得了很大成功，这家公司现在已经部署了多个 Hadoop 集群，其中最大的一个拥有 2500 个中央处理机（CPU）内核和 1PB（petabyte）的磁盘空间。公司每天加载到 Hadoop 文件系统的压缩数据超过 250GB（相当于 2TB 的未压缩数据），每天都有数百个任务同时运行来处理这些数据。公司使用 Hadoop 基础设施的项目也在不断增加，包括生成网站使用情况数据的项目，以及用于屏蔽垃圾邮件和评估应用质量的项目。公司绝大多数工程技术人员都在使用 Hadoop。

Hadoop 应用的快速扩大有几方面的原因。首先，开发者在编写 MapReduce 程序的时候可以自由选择语言。其次，工程师可以使用熟悉的 SQL 范式来处理和操作超大数据集。Hadoop 文件系统中存储的大多数数据都是作为表格公布的。开发者和工程师可以按照处理关系数据库管理系统（RDBMS）的类似方式来探索这些表格中的模式和数据。另外，MapReduce 和 SQL 的结合可以帮助公司有效地检索和处理半结构化数据和结构化数据。

在企业层面，能够利用来自用户的数据帮助改善企业产品和服务的行为是十分关键的。应用 Hadoop 后，这家公司对数据的利用更加高效了。

全球性消费者交易公司：数据着陆区

接下来要介绍的是一家消费者交易技术领域的全球领头企业，公司提供的服务涉及软件、硬件和组合服务，每天完成近 5.5 亿笔交易。

公司的目标是帮助他们的客户借助直观的自助服务和协助服务来快速、轻松、便捷地回应市场需求。不过这家公司并没有仅仅局限在技术或市场方面，他们的解决方案还帮助全球范围内的企业增加收入、创建客户忠诚度、获取新客户，以及降低运营成本。

通过不断学习和探索，这家公司不仅帮助他们的客户实现各自的企业目标，而且改变了我们购物、就餐、旅行、交易和联络的方式。公司拥有上千家银行和零售商客户，共涉及上万台自助电话亭、销售点（POS）终端机、ATM（自动取款机）和条形码扫描仪等设备。

传统方法

在传统的架构里，公司只能收集部分数据，这也就限制了预测模型的准确性。例如，公司实际收集的可能只是抽样 ATM 机的部分数据（如某一天的性能数据），而公司的真正需求则是要收集所有 ATM 机的全部数据。

另外，公司还需要帮助客户避免设备故障带来的影响。在传统架构下，公司无法收集来自多个数据源的数百万条交易记录，更不能在一定时间内完成分析，预测设备可能出现的故障，帮助客户进行设备维护、更换或升级。一旦出现设备故障，客户就不能正常运营，这就会给公司信誉带来影响。不仅如此，传统架构还不能保存银行和零售商客户部署的所有设备的实时操作数据，因此也就无法分析和预测设备的故障情况。毫无疑问，对于设备故障的预测，传统架构束手无策。

Hadoop：数据探索的着陆区

第 1 章提到过，Hadoop 是在整个数据生命周期的数据探索阶段使用的。很多企业都把 Hadoop 作为数据的着陆区使用，用于在执行分析前对数据进行探索。

由于 Hadoop 能够有效地存储所有的结构化和半结构化数据，所以这家公司也把 Hadoop 作为数据的着陆区来使用。Hadoop 技术能够帮助公司有效地存储超大数据，其中包括那些公司还不确定要如何使用的数据。

为了解决上面提到的设备故障问题，这家公司把 Hadoop 作为“数据湖”，用于收集和存储银行和零售商客户所有设备的实时操作数据。这类数据不仅涉及上百万的交易记录，而且数据收集的比例或速度很大。基于收集到的数据，公司可以利用高级分析创建预测模型，帮助客户预测和预防设备故障。Hadoop 不仅可以分析数据子集，而且能够分析整个数据集。例如，基于 Hadoop 创建的“数据湖”可以监控每一台 ATM 机，并创建数据模型来预测设备故障。不过值得庆幸的是，考虑到全部数据收集和分析的规模，设备故障出现的概率很小，次数也不多。

Hadoop 的另一个应用是收集如电话数据等的新数据源，用于分析全球范围内的远程呈现设备的使用情况。在各办公室之间充分沟通以后，这家公司便可以确定为一种最为可行有效的方式在网络中部署技术设备，这只是对数据的单纯操作使用，负责对产品进行财务分析的业务分析人员可能永远也不会想到要去查看产品零售的售后服务电话记录。借助 Hadoop 收集到的技术数据，公司得以扩大数据查询和根源分析的范围，例如查看同级配置打印机的共享情况，如在销售点设备、ATM 机以及自助结账设备之间的共享情况。不同的业务部门都可以在同一个地方访问获取数据，这有助于公司创建更加开放的文化，实现信息共享。

下面介绍另一个 Hadoop 的成功使用案例。

全球支付服务公司：借助Hadoop来关联结构化和半结构化数据

这个案例要介绍的是一家全球支付服务公司，该公司主要为消费者和企业提供快速、可靠和便捷的还款和收款服务、支付服务以及购买汇票服务。公司的客户网络覆盖 200 多个国家和地域，代理总数超过 50 万，拥有 ATM 机和电话亭超过 10 万个。公司目前已经完成了 2.5 亿笔 C2C 交易，4.84 亿笔业务支付，消费者交易资金达到 850 亿美元。公司的核心业务包括如下部分。

- 零售、在线、ATM 和移动端 C2C 现金转移。
- 存储值解决方案，包括预付卡和邮政汇票。
- 消费者账单支付。
- 中小型企业跨境业务支付。

背景介绍

案例中的客户所在企业已经收集结构化数据很多年了。随着互联网和网络服务的普及，这家公司的客户也纷纷开始利用在线服务来收付款、支付账单、购买借记卡，以及定位可以提供面对面服务的代理位置。为了便于大家理解，我列举一些相关数据：这家公司超过 7000 万的用户都通过亲自操作或电话的方式在使用他们的在线服务，在覆盖 200 多个国家和地区的公司网络中，这就相当于每秒钟有 29 笔交易产生。由此可以看出，网络数据的增长速度是非常惊人的，要满足公司业务需求，则需要收集和分析的数据也更多。记录用户在线活动信息的点击流数据需要以半结构化的非关系型数据格式来收集，然后和关系型数据相结合，来帮助公司了解客户互动和参与情况。结构化和半结构化数据都是数据分析管道中的漏斗。在传统的基础设施里，系统只能捕捉、整合和分析结构化数据。现在，公司需要把海量网络数据整合到企业工作流中去，以帮助公司更好地了解业务运营的整体情况。

公司当前的基础设施不能满足企业的需求，要对公司收集的海量数据进行分析颇具挑战，而且也很难从数据中获得有用信息。由于数据是在整个公司范围内进行分享的，所有数据科学家、业务分析人员和营销人员都不能依靠现有技术进行数据管理，解决相关数据分析问题。

Hadoop：公司架构的一部分

在这家现金转移和支付服务公司，把 Hadoop 成功融入企业运营也就意味着可以成功地把大量的网络数据和企业工作流相融合。要创建新的数据形式，同时保证新数据可以被公司不同员工（数据科学家、业务分析人员、营销人员和销售人员）所使用，需要做很多的工作。作为自助服务商业智能和分析平台，Hadoop 包含多种不同的系统和软件元素，因而可以为这些应用提供它们所需要的所有半结构化数据。

这家公司把来自移动端设备的数据添加到了 Hadoop 环境，同时还补充了来自互联网的网络数据。数据一旦收集完成，包括结构化数据和半结构化数据，下一步就可以利用多种不同的技术来对数据进行分析了。可以利用的技术包括：

- 数据整合工具：用于整合和转化数据；
- 数据仓库技术：用于存储结构化数据；
- 分析工具：用于分析来自 Hadoop 和数据仓库的数据。

在这家全球支付服务公司，Hadoop 系统的应用和地位还在不断扩大。融合了 Hadoop 系统的公司架构已经扩展至风险分析、金融合规分析、反洗钱和其他金融犯罪领域。Hadoop 不仅应用广泛，而且在分析过程中也占有举足轻重的地位。

使用案例汇总

- 一家总部设在美国的娱乐公司目前在使用新的 Hadoop 环境来定义客户细分，并根据客户细分来制定具体的营销活动。引入 Hadoop 系统之后，一些关键任务的处理时间从原先的 6 小时缩短到了现在的 45 分钟。处理时间加快后，这家公司也可以更加快速精确地执行数据分析了。此外，客户体验也得到了改善，安全性得到了提高，达到了支付卡行业（PCI）和其他的行业标准。这家公司现在每小时可以处理 300 多万条记录。
- 一家医疗技术公司利用 Hadoop 建立企业数据中心，来帮助公司更全面地了解所有病人的病情或发展趋势。Hadoop 可以帮助该公司和其客户每天监测 100 多万名患者。此外，它还可帮助更加精确地检测病人是否有遭受致命血液感染和败血症的危险。

- 一个在线约会网站使用 Hadoop 来分析多种类型的超大数据。Hadoop 技术每天可以帮助公司为上百万用户牵线搭桥，而且还能执行更加复杂的分析，提供更加人性化的分析结果，提高约会的成功率。

我们无疑已经身处大数据时代了，企业拥有的数据量也在快速增加，很多非结构化数据很难借助传统方法和途径来管理和分析。Hadoop 弥补了传统架构的不足，能够帮助收集半结构化数据。大数据迫使企业从业务和 IT 角度进行重新思考，进行企业重组。数据管理一直是走在最前列的，而分析却总是事后产生的想法。现在，大数据似乎已经把分析也推到了前面。企业需要意识到，我们生活的世界是在不断发展变化的，数据也是如此。要想抢占先机，保持竞争力，企业需要对这些变化保持敏感，并及时应对。新范式不是一成不变的，而是灵活且充满各种可能的。随着数据量的爆炸式增长，企业也需要一个可以支撑新数据来源和分析能力的平台。随着大数据的发展，Hadoop 架构也将发展成为一个现代信息生态系统，帮助企业分配数据、优化以数据为驱动的决策制定、改善沟通，并生成新的战略见解。

下一章将会介绍如何在一个集成体系结构中，把 Hadoop 的使用与数据库分析和内存分析技术结合起来。

尾注

数据仓库研究所，《最佳实践报告：企业级别的 Hadoop 技术》，TDWI Onsite Education，2015 年 4 月 1 日。

第 5 章

技术整合

第2章讨论了数据库处理技术，以及在数据库中执行数据分析方面它所具有的优势。第3章分析了内存分析技术，借助内存分析，企业可以把数据直接存储在内存，获得具有突破性意义的分析结果。第4章介绍了Hadoop技术，以及Hadoop是如何与数据管理和分析环境相融合的。前面几章所介绍的技术，结合起来就如同是一场接力赛，一步紧扣着一步。本章将把前面的每个步骤：爬行、行走和奔跑，结合起来介绍。数据库技术、内存分析技术和Hadoop技术组合在一起就组成了协作统一的数据架构，具备了这些要素后，企业才可以有效地进行大数据管理和分析。

本章所讨论的主题包括：

- 数据库处理技术、内存分析技术和Hadoop技术在数据架构中是怎样互相协作的；
- 使用情况和成功案例介绍；
- 整合的数据管理和分析结构所具有的优势。

背景介绍

从企业过去的发展来看，很多企业都应用了某种数据管理系统，来存储他们的数据，如数据仓库或者部门级别的数据集市。如果企业的数据主要是以结构化数据为主的话，那么这种单一的系统结构或许可以满足企业的需求。单一数据架构中的分析和报告应用可以在企业需要的时候获取数据，执行分析，并向管理层发送分析结果。但随着时间的推移，有些因素发生了变化：

1. 数据量持续增加，企业也在购买新的硬件或软件来适应数据量的增加；
2. 企业分析和报告实时生成，极大地增加了查询性能的负担；
3. 由于数据量、数据模型和其他变量的增加，数据分析也变得更加复杂。

分析量涉及广泛的计算，这些计算密集和读取密集的计算给数据仓库造成了很大的负担。分析过程一般需要对整个数据集进行检索，而不是某个数据子集。大部分的分析量都是以批量模式执行的，并且分析结果也都分配到了多个不同的下游应用，如商业智能、报告和 / 或可视化应用等。

随着分析量的增加，计算复杂度的提高和变量因素的增加，企业也在提高其单一数据仓库环境的性能。企业有以下 3 种扩容选择：

1. 购买更多的服务器或者软件，来扩大数据仓库的使用；
2. 增加可以捆绑在数据仓库上的工作量扩充硬件，如数据集市；
3. 保留数据仓库中的有用数据，将其他数据转移到其他平台。

通过结合上述 3 种选择，企业可以为现有的以及未来新的数据密集型分析项目创造更佳的分析环境，满足企业的需要。但是如果要同时管理结构化和半结构化数据，单一的数据管理系统就不是企业的最优选择了。

协作的数据架构

企业现有的数据仓库或许可以通过扩容来支撑更加复杂的分析任务和数据模型，并在一个有效控制和管理的数据环境中为上百位用户同时获取数据提供保障，但是这种单一的数据管理架构并不能支持所有的数据类型。就某些特定的数据类型来说，企业数据仓库并不是一个理想的存储空间。比如说，你的数据仓库或许可以支持半结构化数据、日志文件或者传感器数据，并以二进制数据块（BLOBs）的形式进行存储，但是就这样把数据存储起来并不能减轻数据统计家或数据科学家的负担。BLOBs 数据几乎可以存储所有的随机内容，但是如果你的最终目的是要支持语法分析、文本分析和关键词查询，那么或许将数据存储在其他平台上更为合适。

针对多种不同的数据类型，协作性数据架构可以为整合的数据管理和分析提供理想的统一平台，如图 5.1 所示。企业的数据多来自 ERP、CRM、图像、音频、视频、日志、文本、网络和社交媒体。数据源被捕捉到以后，数据就可以存储在图中所示的任一或所有 3 种平台上。

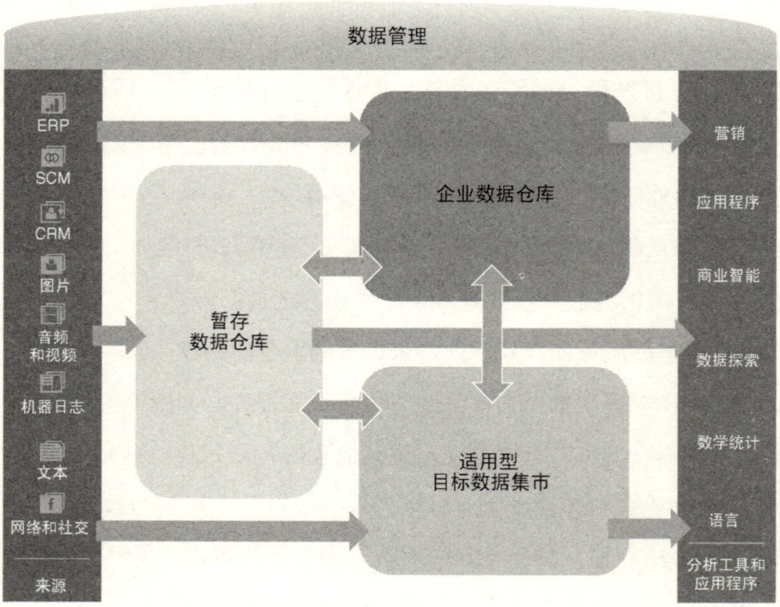

图 5.1　协作数据架构

协作性数据架构可以为企业提供 3 个目标明确的数据管理平台，而且 3 个平台相互融合，从而帮助解决企业的特殊数据需求。

暂存数据仓库

暂存数据仓库（staging warehouse）平台是一个捕捉和存储所有数据类型的经济平台。暂存数据仓库中的数据无须进行结构化处理，也不必作为整个公司的操作报告进行存取。一般情况下，暂存数据仓库都是用于收集大型文件集，如网络日志、机器传感器输出，甚至是网页日志输出，这些文件集都具有一定的分析价值，或者包含部分半结构化数据。最为重要的一点是，所有这些数据都只需要存储在一个大型文件集群系统即可。

暂存数据仓库可以很好地支持高度灵活的数据捕捉，存储来自不同数据源的数据，包括结构化和半结构化数据。举例来说，你可以利用 Hadoop 技术进行超大数据的预处理，帮助数据在数据仓库或数据集市中进行存储，或者将预处理后的数据应用在其他应用，如分析、商业智能或者营销。

目标适用型数据集市

数据集市是数据仓库的一个子集系统，一般是针对具体的部门、团体、商业团队或业务线创建的。因为数据集市是数据仓库的一个子集，所以可以通过帮助用户获取特定类型的数据来改善终端用户的反应时间。

目标适用型数据集市（fit for purpose data mart）虽然是针对某项具体的分析处理过程来创建的，但是需要融合到营销、作业研究、销售运营等功能区域。在这种情况下，系统就会通过牺牲某些用户并发性需求，来保证高水平的分析灵活度。

举例来说，如果公司想要利用数据集市进行需求预测。那么数据建模师和数据科学家就可以利用数据集市里的数据来预测公司产品和服务的供应和需求情况。再例如在制药行业，公司可以创建数据集市来进行特定药物分析。要在市场上推出一款产品，存在很多变量和分析数据点。在制药行业，企业需要遵循严格的标准和规定，才能把药物卖给消费者。也就是说，针对某个药物创建的数据集市一定是在严格的监控之下的，而且只有少数数据科学家能够访问数据，用以进行数据分析和建模。

企业数据仓库

企业数据仓库是为了给企业提供战略和运营分析，保证公司上下所有的用户都能够从同一个数据来源获取集中统一的整合数据。

企业数据仓库面向的是严格、高度结构化，且可以随时使用的数据，企业和公司各部门的所有分析用户都可以访问并使用数据。数据仓库能够帮助企业解决在数据准备方面的顾虑，不仅可以通过扩展性能来支持更多用户，扩大用户应用的范围，以及提高数据处理量，而且能够预测故障，在出现问题时也能够继续运行，同时提供管理和监测环境，确保企业用户能够持续访问数据。企业数据仓库是理想的模型和整合数据平台，能帮助实现端到端的优化和操作化。

许多企业都已经开始利用企业数据仓库来收集不同数据源的数据了，通过把来自不同数据源的数据整合在一起，以提供"唯一的真相"。数据仓库中的集成数据可以为上百个下游应用程序和业务用户所使用。然而，很多甚至所有的数据都存在关联，并以表格、行和列的形式组织在一起，并可通过 SQL（结构化查询语言）访问。根据处理数据的成熟度，你可以选择其他适合的平台，如暂存仓库或者目标适用型的数据集市。

对于大型企业，他们或许会同时使用协作性数据架构的不同方面，每个方面都专注于端到端数据生命周期中的一个特定目的，对 Hadoop 数据着陆区以及企业数据仓库中"可以随时使用"的数据进行处理和优化。

协作性数据架构的最终目的是帮助企业获取和分析所有数据，从而制定更好的决策，创建以数据为驱动的新途径，改善业务和企业底线。企业在分析技术应用以及借助分析技术获取有关客户、企业运营和服务的深刻见解方面的能力，是一项重要的竞争优势。下一节将讨论如何在不同情境中管理数据和分析技术。

协作性数据架构的不同模式

第 4 章介绍了结构化数据在数据仓库以及半结构化数据在 Hadoop 中的存储原理。下面将介绍如何结合协作性数据架构来扩展这一应用。

在第一个模式中，我们把 Hadoop 作为企业数据仓库中的数据暂存平台，如图 5.2 所示。

如果你的企业只收集结构化数据，那么这个模式对你来说就非常理想。在这个模式中，结构化数据的捕捉和管理以及在 Hadoop 中进行数据整合都十分简单，Hadoop 可以作为数据暂存仓库或平台，将数据加载到企业数据仓库中，因而你可以在 Hadoop 平台上执行数据集成处理，而无须在数据仓库里集成数据。根据数据仓库研究所（TDWI）关于 Hadoop 的《最佳实践报告》，39% 的调查者表示，他们在 Hadoop 数据暂存平台上存储数据，进行数据集成。[1]

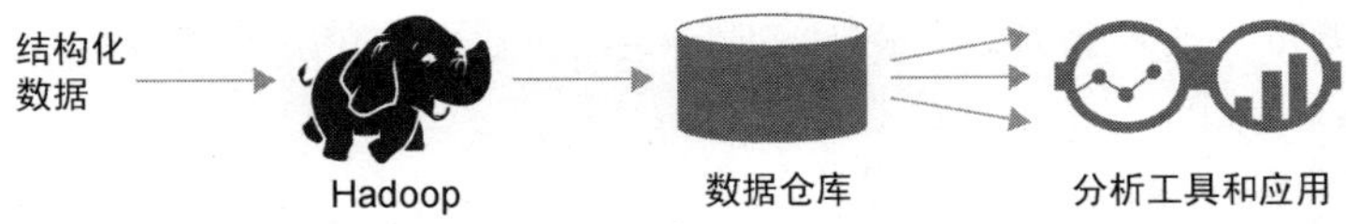

图 5.2 Hadoop 作为结构化数据的暂存数据仓库

正如第 4 章所说，Hadoop 是与分布式文件系统（HDFS）和 MapReduce 一起使用的。你可以利用 MapReduce 编写代码，借助代码把数据导入到 HDFS，数据转化后再将集成数据加载到企业数据仓库。在这种情况下，你可以选择想要转换的数据并将其加载到数据仓库，其他的数据则可以继续存储在 Hadoop 等待转换。这种模式具有以下优势。

减轻数据处理负担

要在有限的时间内完成对海量数据的 ETL（提取、转换和加载）工作对企业来说颇具挑战性。如果你也面临着这种挑战，那么最好考虑使用 Hadoop 来将部分工作量转移到 Hadoop 平台。一般来说，你需要借助 ETL 功能，在数据仓库平台处理数据。如果引入 Hadoop，那么它就可以帮助你分担部分数据管理和准备的任务了。Hadoop 可以作为数据暂存平台使用，帮助减少企业数据仓库中的资源占用。数据可以在 Hadoop 平台上首先进行处理和转换，加快数据加载到企业数据仓库的速度，有助于下游应用程序访问和分析数据。

降低成本

多年来，数据存储的成本已经大大降低。应用 Hadoop 也可以帮助企业降低数据存储的成本。企业所有的原始数据都可以存储和保留在同一个地方，帮助企业轻松管理数据，在需要的时候对数据进行处理，然后再将数据加载到企业数据仓库，用于数据分析。鉴于 Hadoop 会对所有原始和转换后的数据进行备份，所以在应对数据增长的问题上，选择一种低成本的方案对企业来说意义重大。

如果你的企业需要收集半结构化数据，并希望将其和结构化数据整合在一起，那么你就可以借助 Hadoop 来管理所有数据源。你可以考虑将 Hadoop 作为所有收集数据的“数据湖”，如图 5.3 所示。

图 5.3 中的基础设施和图 5.2 中的非常相似，但是在图 5.3 中，你可以把半结构化数据也同样整合进来。Hadoop 可以作为你的“数据湖”使用，帮助暂时存储你的所有数据资源。在这种情况下，你可以把企业数据仓库中所没有的数据也整

合进来。例如，进入到 Hadoop 中的部分结构化数据可能在你的企业数据仓库中并不存在。

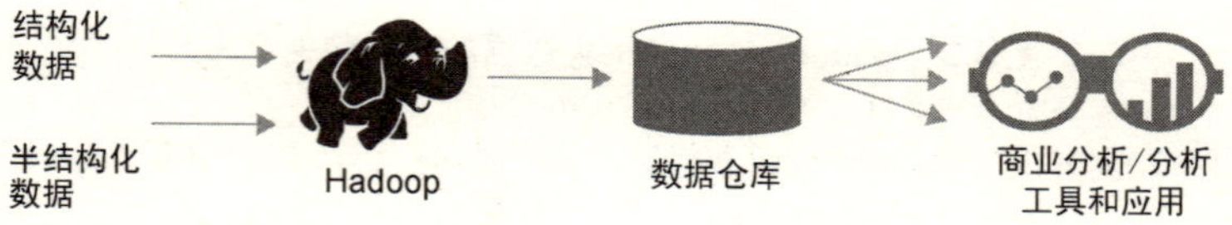

图 5.3　Hadoop 作为“数据湖”

另外，你还可以通过整合半结构化数据来为企业提供更多的客户、产品和服务见解。由于Hadoop可以存储所有的数据源，因而可以和企业数据仓库形成互补。根据 TDWI 的《最佳实践报告》，46% 的受访者表示，他们使用 Hadoop 来弥补数据仓库的不足。[2] 在同一份报告中，36% 的参与者表示，他们把 Hadoop 作为“数据湖”使用。如果你也希望在同一个地方整合结构化数据和半结构化数据，建议你考虑采用这种架构。

在这个模式中，企业数据仓库就成为整个数据环境的中心和分析应用的关键要素，同时也是使用分析技术的商业智能工具。这种应用模式适合那些希望把企业数据仓库作为实际数据系统的企业。Hadoop 作为“数据湖”，用于收集所有数据源，处理和整合收集到的数据，然后再将数据加载到企业数据仓库。

这种模式包括的优势如下。

“数据湖”的优势

“数据湖”可以以较低的成本捕捉所有数据源。有了“数据湖”帮助存储所有的非关键数据，数据仓库就可以用来执行重要的数据分析了。你可以保留所有希望留存的数据，删除所有不想要的数据，而数据仓库则只用来存储清洁的集成数据。

Hadoop 的互补作用

Hadoop 可以扩展传统的数据仓库架构，帮助支持更多的数据，减轻数据仓库的工作量，提高数据仓库的运作效率。

高度管理的环境

由于所有的数据都存储在同一个地方，并使用数据仓库进行分析，所以数据管理的水平就提高了。所有的用户都从数据仓库中获取数据，进行数据分析或报告。

在下一个模式中，数据环境会相对更加复杂一点，如图 5.4 所示。

下面我们在设置中加入数据集市，用以扩展数据探索。在这个模式中，你可以使用 Hadoop 作为数据着陆区或者暂存平台，充分利用 Hadoop 和数据仓库的优势。数据仓库的概念已经出现 30 多年了，这一基础架构改变了数据管理范式。为了创建企业数据仓库，企业多年来投入了很多资源和资金，而 Hadoop 技术的出现改变了企业的数据管理方式。这一模式专注于每项技术的优势，充分利用 Hadoop 和数据仓库各自的优点，帮助企业更好地利用数据。

图 5.4 一步步地介绍了这种模式是如何为企业服务的。

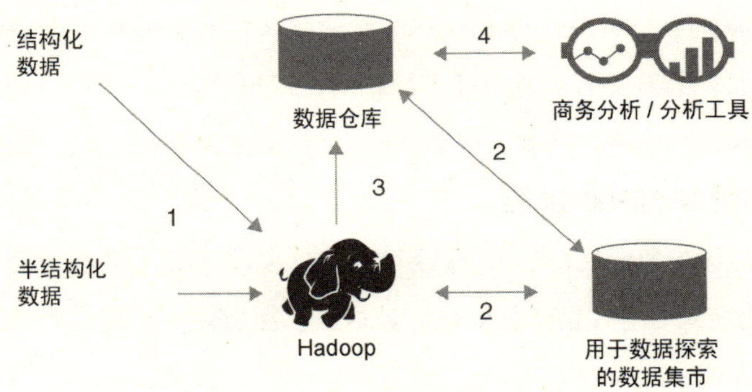

图 5.4 Hadoop 用于数据探索和挖掘

1. 你所有的数据，包括结构化和半结构化数据，都在 Hadoop 中进行处理和整合。Hadoop 相当于一个中央枢纽，把清洁和集成数据加载到企业数据仓库。Hadoop 的优势在于可以按照数据最原始的状态进行存储，然后根据需求对数据进行格式化处理。而传统的数据仓库需要在存储前对数据进行整合，Hadoop 则无须此项处理，它体现的是后期绑定概念，也就是在提交查询申请的时候对数据进行格式化处理。另外，企业用户也无须等待数据仓库团队执行 ETL 处理和数据建模。这个过程可能需要几天甚至几周的时间才能完成。
2. 根据企业的需求不同，这一步可能十分复杂。这个步骤的目的是要利用数据集市为需要实时分析的业务线或部门提供快速分析。例如，你可以从 Hadoop 和传统数据仓库中加载部分数据（结构化或者半结构化）到数据集市，然后利用分析工具创建数据模型或者执行计算密集型的高级分析；在数据建模或者高级分析完成后，再把结果加载到数据仓库或者Hadoop。数据集市的目的是为了执行探索性分析、分析模型的数据密集型处理，以及大容量、低延时和近实时的分析任务。

3. 准确判断需要在数据仓库中加载哪些数据在这一步中十分关键。并不是所有的数据都应该加载到数据仓库里的。在这一步中，数据仓库就相当于一个核心业务数据和信息的高效可扩展管理平台。企业数据仓库能够支持多种使用模式，可以解决95%的商业智能、仪表板和记分卡问题，并且帮助监控绩效管理。
4. 数据从Hadoop和/或数据集市中加载到数据仓库后，你就可以获得对企业数据的整体印象。结构化和半结构化数据和分析相结合后，数据仓库在重要数据存储和信息传递方面就更加理想了。

根据图5.4，这一步包括如下优势。

以较低的成本存储原始数据

Hadoop的优势和长处在于可以按照数据的原始状态进行数据存储。系统捕捉到数据后，无须立即进行格式化处理。数据可以在后期用户提出申请的时候再进行格式化。

探索和发现数据的能力

探索和发现数据的能力是一项突出的优势。它可以帮助企业了解自己拥有和缺失的数据情况，从而更好地评估公司的数据现状。借助分析工具，你还可以发现数据之间存在的关联。另外，业务分析人员还能够判断数据的状态，确保数据的有效性。

增加灵活性

不是所有的事情都可依赖于数据仓库的。解决了前面数据集成的高成本问题，从数据中提取见解的下游成本就降低了。数据处理的步骤转移到了Hadoop和数据集市平台，数据仓库的负担也就有所减轻了。Hadoop平台增强了“数据湖”的概念，数据仓库也能够帮助企业把精力放在重要数据上。

不过需要注意的一点是，综合利用Hadoop、企业数据仓库和数据集市这三种技术进行数据分析和管理的方式有很多种，上面介绍的这三种使用模式只是其中的三种可能方式。在这三种模式中，每一种都能够帮助企业更加专注于数据和数据分析：

1. 整理探索所有数据，获取明确的业务价值；
2. 提高以数据为驱动的决策制定灵活性，提高决策制定的速度；
3. 消除由以应用程序为中心的方法所造成的筒仓，降低成本和复杂性。

上面对基础架构进行了介绍，下面来谈论数据库技术、内存分析技术和 Hadoop 技术是如何在同一数据环境中互补并存的。

协作性数据架构中互补并存的数据库技术、内存分析技术和 Hadoop技术

供应商目前都可以提供数据库、内存分析和 Hadoop 技术，但是根据供应商的不同，他们提供的技术成熟度和水平也有所不同。例如，赛仕软件公司和天睿公司可以给企业提供端到端技术包，帮助企业利用数据库、内存分析和 Hadoop 技术进行数据分析和管理。

首先介绍下数据库处理。市场上目前可以获得分析数据生命周期中各个阶段的数据库处理技术，而且该方面技术相对要多一些，因为这是数据分析生命周期中比较成熟的一项技术。就协作性数据架构而言，数据库处理可以支持以下 3 种平台：数据暂存、数据仓库和数据集市。

同时，数据库技术也是在数据仓库环境中使用最为普遍的。在图 5.5 中，供应商向企业提供数据库软件，帮助他们简化分析处理过程。

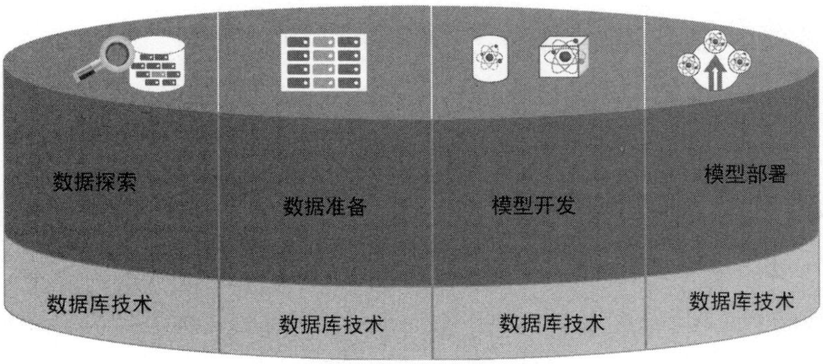

图 5.5 数据库处理技术

如果你的企业也依赖于数据仓库，那么建议采用数据库处理技术，它可帮助你从数据中提取更加理性的价值。

有些数据分析供应商和数据库供应商建立了合作关系，共同把分析性能整合到数据库中，从而让他们的分析软件能够直接在数据库系统中运行，帮助企业更加快速地处理数据。例如，你可以直接在数据库层面探索数据、准备数据、开发数据模型以及部署数据。而且你可以直接在数据库内运行和优化数据，无须从企业数据仓库中提取海量数据，然后将其转移到分析服务器上再进行分析。这样不仅能够保证数据的安全性，而且出现错误的概率也更低，因为你无须把数据转移复制到数据库外再进行分析。鉴于数据仓库中存储的是最新数据，数据分析结果也就更加可信。

你或许还记得，图 5.5 是第 1 章中所介绍的数据分析生命周期。数据库处理技术可以应用到整个数据生命周期的各个阶段。数据库处理包括以下方面。

- **数据准备**：数据库有很多功能可以帮助准备数据，如格式、频率、汇总和排序。
- **数据探索**：你可以在这个阶段应用数据库数据质量，来确保数据的准确性。例如，你的缩写可能需要进行标准化处理，或者你需要确认性别分析的准确性。
- **模型开发**：数据的格式确认无误且进行整合后，你就可以开始创建数据模型了。模型开发是极其复杂的，而且通常会涉及很多变量和数据。
- **模型部署**：数据开发完成后，就需要在数据库内对模型进行评分。通过直接在数据库引擎中部署模型逻辑，可以减少返工时间，帮助你利用数据库功能来提高速度和性能，加快信息传递的速度。

如果你公司的数据架构中已经应用了 Hadoop，或者正在考虑引入 Hadoop，那么你就可以在 Hadoop 中准备数据了，从而减轻数据仓库的工作负担，把一部分数据处理任务分配给 Hadoop 执行。

在图 5.6 中，Hadoop 可以捕捉到你所有的数据，然后直接对数据进行探索。市场上有很多供应商提供数据探索工具，包括结构化数据和半结构化数据。一旦你决定了要在数据仓库中加载什么数据，接下来就可以开始准备数据，开发和部署数据模型了，所有过程都可以在数据库中执行。

图 5.6 Hadoop 用于数据探索

如果想要进一步减轻数据仓库的工作负担，你还可以引入内存处理技术。

在图 5.7 中，Hadoop 并不是数据架构中的一部分。尽管 Hadoop 技术正在吸引越来越多的关注，但是在将其引入到生产环境中去的这个问题上，很多企业还是心存顾虑。在这个模式中，你可以选择。

1. 应用内存分析技术将数据可视化，并探索数据。
2. 应用数据库处理技术帮助准备数据。
3. 借助内存分析技术创建数据模型。
4. 在数据库中部署数据模型，对数据模型进行评分。

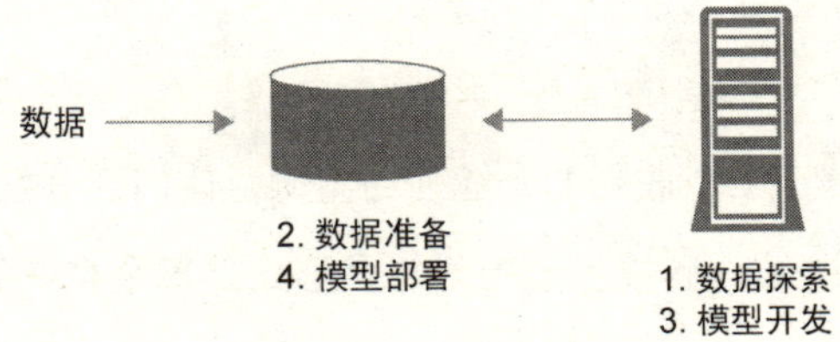

图 5.7 不使用 Hadoop 的情况

第 3 章已经介绍过，内存分析技术是很强大的。如果你的公司里有海量数据需要在复杂的数据模型中进行处理，内存分析技术可以在用户界面中快速展示所有的数据源。如图 5.7 所示，数据被加载到内存，进行可视化和分析。即使你所开发的是较为复杂的数据模型，运作也是如此。与数据仓库相关联的应用专门在内存中进行数据处理，因而性能更加高效。数据库和内存分析技术的结合可以在整合的数据环境（如协作性数据架构）中为企业提供端到端的数据管理和分析服务。

使用数据库技术、内存分析技术或者 Hadoop 技术并不能获得所有需要的功能，你需要把这些技术同现有的基础架构结合起来，以便满足所需的数据管理和分析需求。

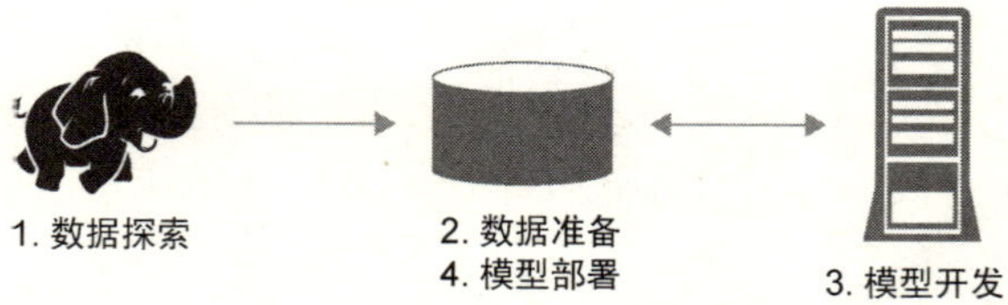

图 5.8 把 Hadoop、数据库处理和内存分析技术整合在一起

图 5.8 中所涉及的技术可以为你提供以下帮助。

1. 在 Hadoop 中探索你所捕捉到的所有数据源。
2. 利用数据库处理技术准备数据。
3. 利用内存分析技术开发复杂的数据模型。
4. 把数据模型中的结果转化为数据库中的具体评分。

处于不同行业的企业都在使用图 5.5 到图 5.8 中所示的使用模式。下面通过几个使用情况和成功案例来进一步分析这些使用模式。

成功案例

我希望和大家分享三个成功的企业使用案例，他们都分别应用了数据库技术、内存分析技术和 / 或 Hadoop 技术的不同结合形式。每个企业的成功案例都来自于一个不同的行业，但是它们所反映的主题都是相同的，即借助综合数据平台来优化数据分析和管理。

美国大型零售商：只结合了数据库和内存分析技术，而没有应用 Hadoop

第一个案例要介绍的是一家总部位于美国的大型零售商。这家企业是“一站式购物”（one-stop shopping）概念的开拓者。公司在美国拥有数百家零售商店，有上千位员工致力于为顾客提供优越的服务、价廉质优的产品和多种品牌选择。公司很多商店现在都是一年 365 天全天候营业。为了改善顾客的购物体验，公司不仅有实体店，而且提供在线服务。

近年来，零售业经历了重大改变。实体商店需要跟多种其他渠道进行竞争，尤其是大型电子商务公司。现如今，消费者可以通过十多种零售渠道购买产品和服务，包括药房、一元店、连锁店和当地的夫妻精品店等。

这家一站式购物商店的经营体现了当下消费者购物的一些主要发展趋势。

消费者面临众多选择

根据 Deloitte《2015 年美国食品研究》（2015 American Pantry Study），消费者主要在五种不同类型的商店购物，来满足他们的需求。[3] 他们购买食品和杂货的渠道包括超市、购物广场、折扣店、便利店、会员俱乐部和电子商务商店。他们选择在不同商店购物的原因主要是他们所追求的商品价值、质量和品牌有所不同。鉴于消费者面临的选择太过繁多，他们已经无法在同一个地方找到所需的所有东西，而零售商也需要具备自己的独特优势，才能吸引到消费者。

自有品牌的价格和质量优势

相比于全国性的大众品牌，自有品牌在价格上具有相对优势，因而其销售也越来越广泛。根据此前的一份调研，自有品牌食品的销量预计在 2016 年会增加到 1330 亿美元，增加 62%。自有品牌食品销量的显著增长主要得益于其价格相对低廉。另外，消费者也相信，自有品牌的商品在质量上也和其他大众品牌旗鼓相当。根据一份来自 IRI（一家为客户提供消费者、购物者和零售市场情报和分析服务的市场调查公司）的报告，超过 90% 的消费者认为，和全国性大众品牌相比，自有品牌供应商所提供的服务价值并不逊色，甚至要更为出众，80% 的消费者相信自有品牌商的产品质量和大众品牌商的产品一样，甚至要更好。[4]

生鲜农产品是消费者的首要考虑因素

出人意料的是，生鲜农产品是影响消费者购物选择的主要因素。一份 Packaged Facts 调查显示，75% 的消费者表示农产品是商店最重要的区域，其次是新鲜肉类、家禽肉和海鲜（60%），商店品牌产品（36%），当地农产品（35%）和店内面包店（29%）。作为一名消费者，这份调查数据很是出乎意料，我一直以为价格会是吸引消费者的首要因素。我出生在一个大家庭，我的父母在购买农产品、肉类和其他食品时，总是会首先考虑价格因素。

背景介绍

A.T. Kearney 所做的一份调查发现，40% 开展客户忠诚调查项目的零售商都没有充分利用他们拥有的数据来帮助他们更好地了解消费者。[5]即便他们能够充分利用所拥有的数据，很多零售商也没有把他们获得的见解成功转化为实际行动。

鉴于市场的不断发展变化，本案例中的企业决定对他们的数据探索工具和高级分析工具进行评估。企业项目的重点是要在颗粒度层面分析消费者和家庭购物数据。企业设置了以下 5 个项目目标。

有效管理和分析不断增加的数据量

随着公司连锁商店的不断增加以及客户群的不断扩大，公司收集的数据量也在飞速增长。同时公司也在商店货架上增加了更多的全国性和自有品牌商品，用以吸引更多的消费者。此外，公司还希望通过在商店内向消费者提供优惠商品来扩大他们的消费者忠诚项目。数据仓库中数据量在增大的同时，数据的类型也在增加。公司的企业数据仓库规模已经扩大了 25%。也就是说，公司需要一种管理不断增加的数据量的新方式。另外，随着查询和分析任务的加重，企业数据仓库在执行相关分析任务和报告方面所花费的时间也越来越长。公司现有的数据架构已经无法帮助他们有效地管理数据。

简化分析工作流程

公司当前的分析工作流程太过复杂。在 5 个项目目标中，最受关注的是分析工作流程，因为这是公司最重要的领域之一。公司当前的分析方法是很初级的，而且我们的零售商想要在企业范围内广泛采用分析技术，帮助企业制定以数据为驱动的决策。这家一站式商店想要把公司的基本报告和分析流程升级为高级分析功能，包括利用企业数据库中的数据进行数据模型开发、部署和数据可视化。当前的分析过程不仅麻烦，而且只能分析数据仓库中的部分数据子集。此外，公司分析团队中的数据科学家和统计学家把大部分时间都浪费在了数据操作上，而不是专注于关键的数据分析。例如，他们需要花费好几天的时间把数据从数据仓库中提取到用户个人电脑才能进行分析。在此过程中，数据科学家和统计学家还需要准备数据，把数据转化成分析工具兼容的格式。准备数据包括对数据源进行规范化处理，整合所有数据源，以及对数据进行格式化处理。由此可见，分析团队把 80% 的时间都用在了处理这些烦琐的工作上，因而不能专注于数据分析。对这家零售商来说，借助高级分析工具把公司转化为一家以数据为驱动的企业是他们的终极目标。

提高性能和可伸缩性

数据库中存储的数据量会对其性能产生重要影响。正如之前所说，企业数据仓库是为企业存储所有数据的系统。但是当数据量增加的时候，系统的查询速度也必然会延缓。公司所有的分析和报告都要依赖企业数据仓库，而且在日常工作中也有很多用户在使用数据仓库系统。由于系统一年364天（圣诞节除外），一天24小时都在运作，数据分析的可伸缩性和性能就成为一个需要考虑的重要问题。把数据从数据仓库移动到用户的个人电脑对企业来说也是一件麻烦事。这不仅会给公司的网络带来瓶颈问题，而且数据的分析也往往需要几天甚至几周的时间才能完成。个人电脑的内存和应用是非常有限的。公司内部往往有很多用户在同时查询数据仓库，争夺同一数据资源。公司现在既然决定了要引入高级分析工具，那么就要准确地对公司客户群和忠诚项目进行分析，还会涉及很多计算和数据密集型模型。尽管公司当前的数据架构还在艰难运行，但是公司领导层已经意识到，要引进高级分析技术，就必须改善现有架构。

提高数据统一性

数据源一般来自多个不同的系统，这是很正常的现象。在提取数据后，接下来就应该对其进行整合然后加载到数据仓库。对本案例中的零售商来说，数据的提取和加载并不是一个标准化过程。公司员工需要花费大量时间从仓库中提取数据，然后需要手进行动操作才能满足报告和分析要求。另外，数据源的结构也并不一定就能满足公司的分析和报告需求。数据的格式可能并不统一，无法满足业务分析师或统计学家的格式要求。如果不能事先对数据源进行处理，多数时候数据都无法支持下游应用。数据一旦从数据库中提取出来在企业内流传开来，那么后期的管理就会非常复杂，而且很多分析和报告也都失去了意义。此外，这家企业还承认，他们仅仅把数据质量作为次要因素来考虑，没有将其放在首要位置（第2章提到过这个问题）。要提高数据的一致性和统一性，就必须对数据进行清洁化和标准化处理，并和其他数据源进行整合。在数据清洁过程中，对漏失值进行确认，同时更正错误的数据。只有完成了上面的这些处理，才可以把数据加载到数据库，从而保证数据库中数据的统一性。由于这家公司之前忽略了数据质量和数据的统一性问题，所以公司营销和销售活动的效果也受到了影响，浪费了公司大量的资金、时间和资源。

人力资本投入

在与这家企业合作的时候，我发现在人力资本上的投入是很多企业都容易忽略的，因为企业的底线和利润往往掩盖了一切。尽管很多企业都表示，他们的员工就是他们最重要的战略资产，但这家公司真正将这句话付诸到了实践。这家公司在人力资本方面的投资涵盖了整个公司数千名员工。在很多公司，他们的 IT 和分析团队经常跳槽，其中一个原因就是他们所做的事情并不是他们真正需要做的。IT 团队所关注的并不是企业的战略任务，而是忙于维护企业状况百出的基础设施和过时的系统。分析团队的状况更加糟糕，分析团队的员工把大部分时间都花费在了数据准备和操作而不是数据分析上。这些数据科学家和统计学家没有机会利用他们的专业技能开发和改善数据模型，而是被迫对数据进行格式化处理，清理和准备数据。这些繁重而枯燥的工作让他们筋疲力尽，因而渴望去寻找更加刺激的工作。由于营销和销售活动不甚理想，这同样也对公司的业务分析人员、营销和其他部门员工产生了影响。优秀人才和员工的流失给公司带来了重大损失。这家公司之前需要不断招聘和培训新员工，公司分析项目的领导最终决定在人力资本上进行投入，帮助公司留住人才，推动长期项目的执行。现在公司的分析团队能够专注于 IT 架构的创建，确保公司所应用的工具和技术都能够满足企业发展的需要。在分析和报告方面，公司也将重点转移到了预测性分析上。

概述

鉴于零售业内的激烈竞争和行业的不断发展，这家零售商决定扩大分析工具的应用，使其为公司提供具有竞争优势的见解。

公司如果想要应用以预测性分析为重点的高级分析工具，就需要一套全新的现代架构和创新技术来为其提供支撑，所以公司最终决定引入数据库技术和内存分析技术。此前，公司已经投入了好几年的时间来评估和探索新技术和供应商。

在传统数据环境中，公司所有的业务分析人员、数据科学家和统计学家都需要在各自的办公桌上完成相关分析工作。这种工作模式存在很多问题。

- 把数据从数据仓库移动或复制到个人电脑需要花费很长时间。
- 鉴于个人电脑有限的处理能力，只能处理和分析部分数据子集。
- 每个人都在电脑上复制一份数据，就会造成数据筒仓问题。

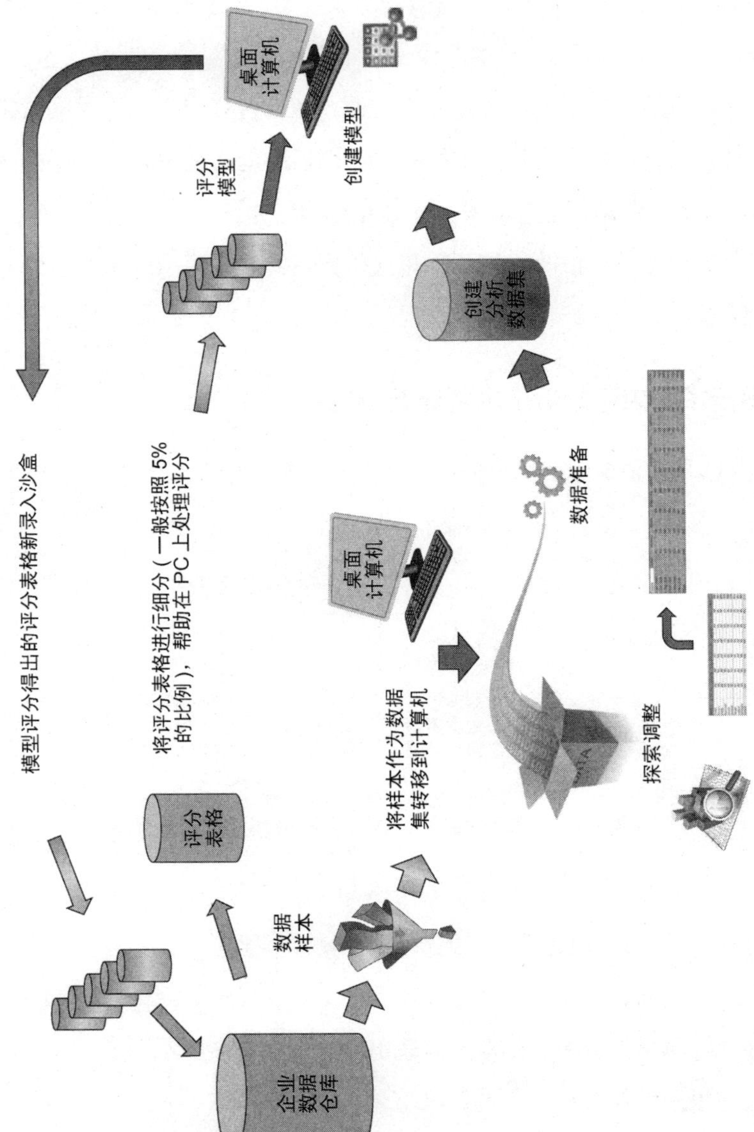

图 5.9 零售业传统的分析过程

■ 个人电脑上的分析应用功能有限。

■ 不能及时开发和评估数据模型。

图 5.9 描述了传统的数据处理过程。如图 5.9 所示，很多步骤都需要占用大量时间和资源。公司只能从数据仓库中提取数据样本到个人电脑上进行数据探索、模型开发和评估。虽然对数据样本进行分析也能够帮助公司了解数据整体情况，但由此得出的以数据为驱动的决策却并不全面。在涉及客户忠诚方面的营销和销售活动时，对公司整体数据的片面了解无法保证活动的有效执行。利用公司现有的数据架构，分析团队最多只能开发五个数据模型，并且只能一周对其评估一次。公司希望扩大分析能力，帮助他们开发和评估更多的数据模型，希望最终开发出数百个数据模型。

利用数据库技术和内存分析技术创建新架构

公司的目标是希望探索和综合应用数据库和内存分析技术，如图 5.10 所示。

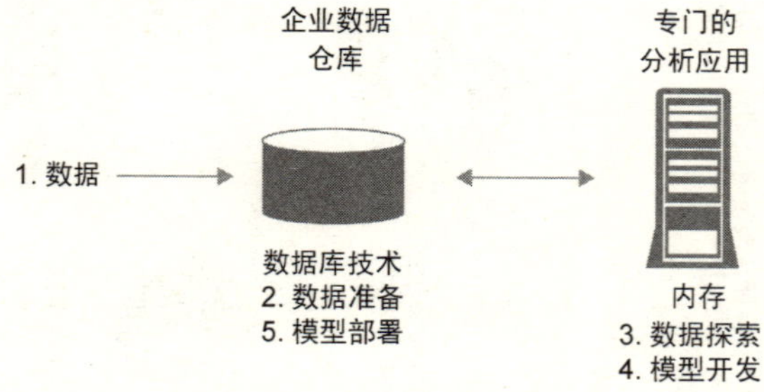

图 5.10　整合数据库技术和内存分析技术

公司希望完成从单纯的数据分析到更多地专注于描述性和预测性分析的转变。这家零售商希望利用描述性分析解决以下问题。

■ 出现了什么问题？

■ 问题出在哪里？有多少问题？问题出现的频率是多少？

■ 问题的根源是什么？

■ 现在情况如何？

描述性分析可以帮助评估系统的过去性能，通过探索历史数据，帮助企业了解以往成败的原因。在本案例中，我们的“一站式购物”零售商希望借助描述性分析帮助公司执行业务报告和管理报告，如销售、营销、运营和金融等。

预测性分析相比于描述性分析又有了质的飞跃。顾名思义，预测性分析就是基于数据分析的结果来对未来的结果进行预测。它通过把描述性分析得出的历史性能与相关规则、算法和各种外部数据源相结合，来判断未来事件发生的可能性或某个状况出现的概率。类似于描述性分析，公司希望利用预测性分析来解答以下较为复杂的问题。

- 为什么会出现这种状况？
- 如果形势没有好转怎么办？
- 下次又会出现什么状况？
- 可以预料到的最好结果是什么？

相比较而言，预测性分析要更加复杂，需要统计学家和/或数据科学家的参与，帮助开发算法或数据模型，来回答类似上述棘手的问题。如前文所述，本案例中的企业已经涉足了数据模型开发，只是现在分析的数据范围有限，还不能称之为真正的预测性分析。

确定了目标之后，企业希望引入能够提供描述性和预测性分析，同时能够与数据仓库很好地结合的分析工具，如图 5.10 所示。

在本案例中，所有的细节问题都围绕着企业的客户忠诚项目。

大多数零售商，尤其是杂货商，都会实施客户忠诚项目。而所有的忠诚项目都会生成更多的数据，同时也会带来更多的客户见解。忠诚项目可以实现双赢，不仅有益于零售商（为其带来数据），而且消费者也能享受实实在在的实惠（店内折扣）。但是，要真正理解“忠诚”一词的内涵，企业需要把数据转化为消费者“个人”购买行为和购买外行为。

下面详细分析下企业忠诚项目，了解企业是如何借助高级分析工具，通过向消费者提供优惠和奖励来提高客户忠诚度的。

- 在这家零售商的忠诚项目中，进入到企业数据仓库的数据源包括客户关系管理系统、购物篮、产品和分类数据。例如，客户数据包括客户名字、姓氏、电子邮箱、邮政编码和电话号码等。产品数据所包含的信息要更加广泛，因为这是一家一站式购物零售商，消费者几乎可以在商店里买到从食品到电子产品再到体育用品等他们需要的所有东西。随着这家零售商的不断发展，公司收集的数据量和种类也在不断增加。

- 数据被收集后就会加载到数据仓库，接下来就开始进行数据准备。在数据准备的过程中，企业会利用数据库功能，同时会结合传统数据处理方法。由于数据库并不能执行所有的数据处理过程，所以企业需要保留某些传统数据处理方法，和数据库工具结合使用。下面重点讨论下企业是如何借助数据库准备数据，进行数据分析的，如图 5.10 中步骤 2 所示。

在数据准备过程中，分析人员的工作主要涉及以下内容。

- **数据分类**：例如，企业可以按照产品和客户进行数据分类。
- **数据概述**：例如，对在特定商店进行购物的消费者数量进行汇总。
- **产品排序**：例如，每周出售最多的 5 款产品。
- **数据标准化处理**：例如，对客户名字和姓氏进行标准化处理。
- **客户性别分类**：例如，按照性别，如女性、男性和其他等对客户进行分类。
- **频率分析**：例如，对消费者每次去商店购物使用优惠券的次数进行统计。
- **确保数据格式正确**：例如，确保数据格式正确，能够用于数据分析。

数据准备可以为统计学家和数据科学家提供分析数据集（ADS）。有关 ADS 的更多详细信息，请参阅第 2 章。图 5.10 所示的新架构体现了公司的新技术应用情况，以及在综合数据环境下的任务执行情况。

- 数据探索（如图 5.10 中步骤 3 所示）借助数据可视化工具在内存中执行。可视化工具可以帮助进一步探索数据集，识别数据之间的关联或变量之间存在的关系。例如，可视化工具可以以图形的形式展示每位消费者每次在商店的消费金额。这家零售商主要从以下几方面对数据进行分析。
    - 业务最繁忙的商店和购物高峰时间段。
    - 消费者选择最多的优惠商品。
    - 每位消费者访问特定商店的频率。
    - 能够带来最多收入的商店。
    - 哪些商品需要更多存货。

在这种使用模式下，业务分析人员可以在数据探索阶段保留会在数据模型开发步骤中涉及的所有数据。

在这个架构中，模型开发（如图 5.10 中步骤 4 所示）是最为关键的一步，零售商所需的关键分析结果也是由此产生的。数据模型可以用来预测某个“家庭”

购买特定品牌组合商品的概率。这样一来，数据模型就需要很多复杂的算法和数据来支撑。数据模型有两种类型：

- **当前客户模型**：在企业忠诚项目中留住客户；
- **潜在购买模型**：通过鼓励消费者购买他们通常不会购买的副产品，来扩大市场篮子的规模。

数据开发是在专用的分析应用上操作执行的。此应用的主要目的就是利用海量数据和多种变量开发复杂的数据模型。拥有了专用分析应用后，这家零售商现在能够开发更多的数据模型了。目前，公司已经为忠诚项目开发了数百个数据模型。分析应用的所有功能都是为数据分析而服务的。这种设置的好处就是可以减轻企业数据仓库的负担，因为模型开发过程是在单独的硬件上进行的。统计学家和数据科学家也可以对他们的假设进行测试，并且很快就能知道开发出来的数据模型是不是有效。这种方法能够轻松地测试变量和数据的组合。

由于过程的烦琐，分析数据模型的开发往往需要好几天甚至几周的时间才能完成。在开发过程简化以后，根据模型复杂度的不同，现在数据模型只需要几小时甚至几分钟时间就可以开发完成。另外，由于建模所用的数据都来自数据仓库，所以整个架构环境也是高度受控的。

- 数据模型开发完成后，就可以在数据仓库内进行评分了（如图 5.10 中步骤 5 所示）。就本案例中的零售商而言，对模型可以进行评分：
  - 为特定消费者提供定制化优惠。例如，根据婴儿用品的购物记录，A 客户可能会使用尿布优惠券；
  - 向满足特定条件的消费者提供奖励。例如，如果 B 客户过去 5 次的购买总额超过一定金额，就可以收到一份赠品；
  - 预测消费者通过购买特定营销活动中促销商品来回应活动的概率。也就是说：
    - 消费者在特定活动回应时间内访问商店并且购买了促销商品；
    - 或者消费者在特定活动回应时间内访问商店并购买了任意商品。
- 在排除冬季或夏季等因素影响的前提下，预测消费者响应特定活动的概率。因此，模型评分会选择一组消费者对冬季营销活动的相应数据，因为节日季（冬季）是这家零售商业务最繁忙的时候。

新结构可以在数据库内执行更多的功能，而且具备一个专用的分析应用，这些都帮助这家零售商简化了端到端流程。

优势总结和未来发展

- 在更少的时间内获得更多、更快的分析见解。
- 利用现有员工处理更多的工作。
- 在数据分析上更具战略性而不仅仅专注于战术。
- 在几小时甚至几分钟内完成模型开发，无须浪费几天甚至几周时间。
- 即使是较大的数据集，也能快速进行模型开发。
- 支持数据模型的 fail-fast 性能。

这家零售商加大了在人力资本上的投资。公司计划聘请更多的数据科学家和统计学家，加大对企业数据分析的支持。人员团队扩大后，公司计划创建更多的数据模型，希望通过开发数百个数据模型来提供优越的客户体验。

国际IT公司：引入内存分析技术和Hadoop技术来扩展数据仓库

在下面要介绍的这个成功案例中，企业通过引进 Hadoop 技术来扩展数据仓库，并借助内存分析技术来探索数据，帮助政府检测诈骗行为。

背景介绍

管理和公共行政方面的信息系统几乎在所有国家都受到高度关注。如果没有现代数据管理和分析技术的支持，管理和公共行政就无法高效运行。在公共行政和管理方面，借助分析技术分析数据，传递信息已经成为一项硬性要求。在这一重要领域，政府倾向于和当地机构合作，获取相关咨询服务和技术支持。然而在实践中，在公共领域有效地使用信息技术和分析系统并没有想象中那么简单。世界范围内已经有很多政府数字化和信息系统项目以失败而告终。

信息技术的飞速发展给决策制定者造成了误解和错误的期盼。和私营部门一样，公共领域也面临着以下类似的问题。

- 对技术本身的能力和局限不甚了解。

- 错误的发展策略。
- 模糊不清的发展焦点。
- 不充分的资源规划。
- 不充分的成本预估。
- 错误阐释用户需求。
- 产品选择失误。

上面这些问题常常会导致信息项目的失败。而导致项目失败的一个根本原因则是政府不能有效地把技术和管理相结合。对于负责关键信息领域的政府决策者和管理者来说，清楚地了解政府信息系统的目的是什么，以及如何成功地开发信息系统是必然要求。需要了解的关键问题包括：熟悉和了解高级分析和数据管理技术，现代信息技术的发展趋势及其对政府战略发展的影响，熟悉政府信息基础设施和信息系统的开发情况。类似于私营部门，公共领域的人也已经意识到了信息技术在公共管理方面所发挥的价值和地位。对于本案例中的政府部门而言，利用数据分析来检测欺诈行为是他们关注的焦点，尤其是对于希望降低纳税人资金花费成本和减少浪费的部门来说。

对于各种犯罪活动，政府开展的项目和运营具有重要意义。如果任其发展，欺诈行为就会成为一个严重的问题，影响政府信誉，降低人们对政府的信任。纳税人赋予政府人员特定的权力，并要求其合理利用税款。卫生保健、政府贷款和赠款等社会公益项目都曾遭遇过欺诈。个人欺诈和团伙欺诈行为给政府造成了巨大损失。

不幸的是，政府官员和调查人员很多时候都是在被动应对，总是在欺诈行为发生之后才去跟踪金钱和诈骗犯。各国政府需要在社会项目中主动出击，在资金被转移和欺诈行为恶化扩大之前采取行为。很多时候，政府的公益项目都被陈旧或过时的信息技术系统所限制。要实现这些系统的现代化，应该引入成熟的数据管理和分析技术，帮助政府更好、更快地监测诈骗行为，重建公众对政府的信任和信心。

概述

这家国际信息和通信技术公司主要为欧洲各国的经济财务部提供服务。在其 30 多年的经营中，公司主要通过简化行政程序，加强公共部门之间的整合，推动公共领域的现代化进程。这家 IT 公司通过促进技术的开发和创新，来帮助政府有效采取以数据为驱动的行动。公司拥有员工数千名，主要为税务、自助服务分析工具和应用程序设计和创建信息系统。公司拥有先进的技术基础设施和网络，用以支持近 100000 个工作站，并实现与外部机构、民众、企业和专业人士的直接连接。通过他们的努力，公司已经开发出了先进的决策工具，借助复杂且集中的数据库系统为政府的经济和金融政策提供支持。公司通过与客户合作来确保数据的质量和安全性，并加大在技术、人员培训和研发方面的投入，为使政府进入大数据时代做准备。公司对数据管理和分析的高度关注，为政府发展带来了重要机遇，同时提高了公共信息系统的效率。

公司与当地政府紧密合作共同研发信息系统，来更好地识别欺诈行为发生的地点、时间和方式。通过双方的精诚合作，这家 IT 公司帮助政府确定了当前数据基础设施存在的问题和挑战。

缺少见解和及时的应对

当前基础设施无法给政府提供有效的见解，不能帮助政府及时应对税务、海关、国有财产和财政部门所遇到的重大问题。例如，政府往往要在诈骗行为发生几周甚至几个月之后才能采取行动。

缺少预测性分析和自助服务能力

业务分析师和高级用户的分析仅仅局限于他们有能力进行分析的内容。而借助当前的工具和技术，他们只能够对已经发生的事进行分析，但他们所需要的则是可以对未来可能发生之事进行分析预测的技术和工具。预测性分析可以提高识别欺诈行为的能力。另外，政府机构还缺乏可以运行报告和在不同部门之间共享信息的自主服务能力。

无法检测交易中的异常现象

检测欺诈的第一步需要具备识别并报告用户在申请相关服务或利益时所表现出来的异常或奇怪行为。这个过程通常需要借助恰当的工具和技术来有效收集和分析数据，在识别到涉及社会关怀、健康福利和房屋津贴等方面的可疑行为时，向政府人员发出警告。

动态探索海量数据

欺诈行为分析涉及海量数据。如果只对数据样本或部分数据子集进行分析只能提供对相关活动的片面观点，无法形成对交易的整体认识。鉴于以上原因，动态探索数据和生成系列报告的能力可以在欺诈行为发生前，帮助识别、验证和调查可疑个人或企业。

不同机构间的集中化分析和报告

标准化和集中化的分析可以提供统一的信息。然而不幸的是，政府机构经常会针对数据筒仓使用不同的分析和报告工具，由此得出的结论也不统一。要想预防欺诈行为，就需要一个灵活的处理方法，来为政府提供可靠的信息，以帮助减轻在公共领域预算和资源利用方面的压力。

下面探讨下这家国际 IT 公司是如何借助先进技术帮助当地政府改善数据分析过程的。

综合利用内存分析、Hadoop和企业数据仓库技术，推动创新

这家 IT 公司的目标是帮助政府创建并巩固透明和诚信的公共行政文化。公司在了解了政府的需求之后，便专注于构建一个用以识别高风险活动和提高防欺诈意识的系统，帮助改善政府活动的效果、成本和管理。在预防并制止公共行政领域的欺诈活动方面，这家公司采取了强有力的措施。先进科学技术的发展和应用可以帮助公司实现其目标（见图 5.11）。

图 5.11 用于检测欺诈行为的公共行政基础设施

这个政府机构的数据源为结构化数据，数据多是传统的行列形式。数据仓库是固定存储所有数据的地方。几十年来，企业数据仓库内已经囊括了几乎所有类型的数据。仓库中的数据包括人口普查信息、家庭收入、税收征管和健康状况等。这家机构引入了 Hadoop 技术，帮助减轻数据仓库的工作负担，改善分析性能，而无须把所有的数据分析和处理工作都放在数据仓库内进行。在系统操作高峰期，会有数百位用户同时访问数据仓库内的数据，执行防诈骗分析。在这个案例中，Hadoop 主要是用于扩展数据仓库的价值和作用，帮助存储数据，执行防诈骗分析。数据仓库中的数据在复制到 Hadoop 之后，接下来会借助内存分析技术进行数据

探索。这也是生成预测性分析的地方。数据在被提取到内存以后，主要用于：

- 帮助用户探索数据，通过对数据的可视化帮助用户识别未来发展趋势，执行深度分析；
- 帮助企业和个人识别健康、赌博和纳税申报领域的异常行为；
- 借助预测性分析和描述性分析生成财务报告、税务征缴、健康医疗成本和 IT 资源使用情况的报告。

通过选择正确的技术和咨询服务，并把数据管理和分析与企业数据仓库相结合，Hadoop 技术和内存分析下的数据探索帮助简化了公共行政过程，提高了行政效率。该机构现已能够捕获到涉及欺诈的异常行为。另外，通过对仿制药及标准产品进行对比，执行最佳和最差行为分析，帮助改善卫生保健项目。公司还在政府机构内部创建了针对所有用户的外部网络应用程序，用以收集更多信息，识别异常数据以及房屋租赁欺诈、采购欺诈、工资单欺诈和养老金欺诈行为。机构现已具备了应用深度分析工具的意识，之后还会创建更多应用程序。

最佳实践和经验总结

这家政府在选择咨询服务和技术时，利用结构的现有资源进行了概念验证。同时，该政府还利用机构的网络和专业知识来为数据管理和分析实践以及技术的选择提供参考。通过对分析过程进行集中化和标准化处理，机构内不同部门的数百位用户都可以获取统一的数据和分析结果了。概念验证涉及硬件、软件和服务方面。

在决定选择这家 IT 公司来帮助机构开发捆绑软件、硬件和服务的体系结构后，他们很快意识到过程的创建需要从头开始。机构内的很多用户都不习惯对他们所拥有的数据进行探索和执行可视化，只是单纯地利用现有数据，执行基本数据分析。当然，数据本身往往也不是集成数据，或者是存在缺失值，这使得分析本身也并不准确。近年来，许多公司都在利用数据挖掘过程来总结数据的特点，并从数据中提取知识。他们所使用的都是较新的技术，如数据可视化工具和使用便捷的界面，来帮助快速分析未来发展趋势，识别数据间的关联。可视化工具不仅可以提供灵活的“点击—拖放”用户界面，而且具备可以执行深度数据分析的分析功能。

建立一个坚实的基础是关键。一旦对要处理的数据有了全面了解之后，公司就可以利用数据来为欺诈识别等应用程序打造一个坚实的基础了。要创建一个有效的系统，需要具备基本的欺诈检测规则，而现有的基础设施和过程并不具备相关检测规则。一套全面的欺诈解决方案是相当复杂的，涉及很多商业规则。你可以先把精力放在具体的欺诈行为如保费超额支付上面，然后再慢慢扩展。

下面介绍另一个成功案例，在这个案例中企业数据仓库同时结合了数据库技术、内存分析技术和Hadoop技术。

美国铁路货运公司：整合利用数据库技术、内存分析技术和Hadoop技术

下面要介绍的这家美国公司主要提供货物和商品运输服务，拥有1万多家客户。它是美国较大的一家铁路货运公司，业务涵盖多个省市地区，拥有4万多名员工。

公司拥有数千英里的轨道和机车，每天有超过1500辆列车在运行，年货物运载量超过1000万。公司通过优化现有铁路能力，加大在新基础设施和设备上的投入，开发出了世界上最先进的铁路网络之一。公司的再投资提高了安全性和可靠性的标准。

这家铁路公司为未来数据分析奠定了基础。公司需要全面理解现有数据。公司现阶段采用了预测性分析技术来帮助制定以数据为驱动的决策，从而减少延误现象，并积极识别存在问题。

背景介绍

铁路是推动经济发展的重要因素。但是如果铁路不能走出生产车间为企业所用，那么任何技术或机车就都没有任何存在的意义了。根据Commodity Flow Survey最近的统计数据，铁路承载了美国40%的货物运输，超过其他任何一种运输方式，同时还是燃油最少且成本最低的陆地运输方式。举例来说，这家铁路公司把1吨的货物运输500英里（1英里≈1.609千米）只需要1加仑（1美制加仑≈0.0038立方米）燃料，这都得益于技术的进步和机车上安装的新型传感器。

现如今，美国货运铁路网络已经是世界公认的最有活力的运输系统之一。数

十亿美元的铁路产业包括140000英里（1英里≈1.609千米）铁路，由国家、地区和地方铁路共同组成。铁路系统不仅可以在全国范围内帮助运输更多的货物和商品，而且还产生了很多公众利益，包括减少道路拥堵、公路交通事故、燃油消耗和温室气体，以及降低物流成本和公共基础设施维护费用等。

美国货运铁路属于私人经营企业，每个企业单独负责各自项目的维护和改进。与其他主要行业相比，他们在技术改进方面投入了更多的资金用于维护和增加系统性能。一般情况下，批量货运如粮食和煤炭等使用机动轨道车进行运输，而一般消费产品如在社区食品店或百货商店出售的商品则使用集装箱或拖车运输，这种运输方式被称为“联合运输”（intermodal traffic）。联合运输是指货物在使用火车运输之前以及/或者之后还会借助其他运输工具进行运输，如飞机、船只或卡车。

几乎所有的东西都可以使用火车运输。大宗商品如农产品和能源产品、汽车和汽车零配件、建筑材料、化学产品、煤炭、设备、食品、金属产品、矿物、纸浆和纸制品，它们占据了铁路货运量的90%以上。联合运输则只有总货运量的不到10%，运输产品包括消费品和其他产品。与其他运输方式相比，铁路运输具有多种好处。在长距离运输方面，它可以有效运载重型货物。货车运输业主要提供中短距离的贵重物品和对时间敏感商品的运输服务，而铁路则可以在全国范围内运输货物和商品。原材料和重型货物在经过长途运输后，还会转由铁路或其他如卡车、铁路和水运的混合交通方式送达最终目的地。随着未来货运量的不断增加，未来铁路运输还会继续加大在科技方面的投入，帮助其增加长途运输的货运能力。

和其他行业一样，铁路部门也在经历一些重大的变化和挑战，并努力满足客户的需求。这家铁路公司也在不断努力，希望通过为客户提供多种运输解决方案来保持自身竞争力。公司增加的其中一项运输方式就是联合运输，公司的轨道车可以运输各种产品的集装箱，之后再将集装箱转到其他交通工具（如卡车、货船和飞机等）运输到最终目的地。随着双层集装箱轨道车运输方式的出现，联合运输的效率也得到了提高。随着服务和设施的改善，联合运输也将变得更具竞争力，同时也会承担由于未来人口增长和商品流通所带来的货运负担。

为了保持在全球市场的竞争力，提高人们的生命质量，这家铁路公司在技术尤其是分析技术方面进行了大量投资。

使用高级和预测性分析技术

为了公司未来发展，这家铁路公司希望借助高级分析技术来帮助公司管理和领导团队制定以数据为驱动的正确决策。公司数千英里的铁轨和数以万计的机车，以及上百万的集装箱和产品运输量，产生了海量数据，这些数据需要他们进行分析和整理。高级分析技术可以帮助其将数据转换为见解，帮助公司领导制定决策，提高效率，扩大业务。

高级分析已经成为决策制定过程中不可缺少的组成部分。这家公司借助预测性分析来制定最有效和最安全的运输路线，招聘列车乘务员，积极订购零部件和设备，进行火车检查和预防性维护等。考虑到铁路运营的复杂性和轨道车数量，这家铁路公司需要利用所有的数据，并应用科学技术来帮助解决相关问题。公司不仅利用数据来预测行业变化，而且还帮助其遵守政府法规。高级分析功能的另一个用途是对货运列车进行运输分析。这些列车运输的混合商品包括木材、纸张、机械、工业零件和各种用于生产的化学品。公司利用高级分析技术，按照货物的目的地进行分类，从而降低了运输成本，提高了运输效率。此外，公司还改善了货物的流通，减少了货物的运输时间，改善了客户体验。

另外，公司还利用分析技术进行员工任务分配和工作规划。和其他所有行业一样，劳动力成本同样也是这家铁路公司最大的开销，而且还在不断增加。多年来，列车乘务员规划一直是一项手工工作，需要占用大量的时间、精力和资源。规划和分配列车乘务员是一个复杂的过程，需要考虑很多短时因素。火车乘员规划者需要以最有效且成本最低的方式在全国范围内分派列车乘务员，尽可能避免火车延误或班次的取消。

考虑到公司还需要遵循政府有关铁路运行的相关规章制度，乘员分配就变得更加复杂了。于是公司开发了一项分析算法，用于进行实时乘员分配，降低特定区域内列车运行的乘务员定位成本。在完成资源分配后，分析技术还会进行预测性分析，来准确预测火车到站时间。火车到站时间信息会分享给客户，帮助客户实时跟踪货物的运输状态。客户现在可以查询到火车离站时间、运输时间和到站时间。

时间就是一切。在货物运输行业，客户多依赖铁路来按时运输货物，然后把产品及时提供给我们这些消费者。

整合了内存分析技术和Hadoop技术的大数据架构

尽管这家公司已经把分析技术和预测性分析应用到了很多业务操作上，但公司目前还在不断探索数据分析的新技术和新方法。大数据管理对公司来说也不是第一次接触了。公司已经具备多年的大数据分析经验，同时也利用高级分析和预测性分析技术来加强以数据为驱动的决策制定。例如，公司通过收集几个月的天气数据来关联轨道情况，预测轨道运输量。另外公司还利用视频数据资源如缺失或错误放置的铁道标识或者植物生长情况，来进行突发情况的预测，提醒现场员工应该关注的工作重点。为了遵循相关规章制度或者实现自身发展，很多铁路公司都借助先进技术、货运培训和实地损伤预防专家的专业知识来减少货物的损失。铁路安全的基础在于铁路基础设施的质量。要预防铁路事故，需要在轨道和设备维修上加大投资。大数据技术在实时数据收集和分析方面的不断进步，让我们可以更加及时地回应行业发展变化，满足客户需求。

在今天多样的数据环境中，铁路行业也可以生成电子铁路数据，记录相关运行和物流信息。数据分析团队也可以利用生成的大量数据，创建更为复杂的数据模型，改善铁路的日常运营。来自传感器的新数据源可以帮助检测和判断轨道车辆和机车的最佳检查和维护时间。此外，公司还利用 GPS 工具来帮助跟踪轨道车的确切位置。这些详细的数据源可以帮助公司创建有效的解决方案，提高公司盈利能力和底线。图 5.12 介绍的是可以支持更多数据源的新架构。

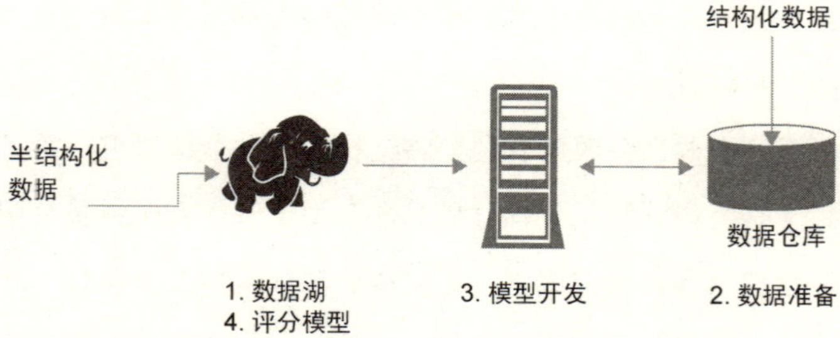

图 5.12 整合 Hadoop 技术、数据库技术和内存分析技术

本案例中的公司应用了 Hadoop 技术、数据库技术和内存分析技术，实现了数据架构的现代化。

1. 数据路径：根据数据类型的不同，公司收集的数据有两种路径：如果是结构化数据则进入到企业数据仓库；如果是半结构化数据如检测器和传感器数据则进入到 Hadoop。Hadoop 作为“数据湖”主要收集以下数据源。
   - **路边探测器**：这类探测器主要检测轴承受热过高、车轮受损、软管缠绕、轴承恶化、车轮裂缝和轨道车运载超宽或超高等具体问题。
   - **声波探测器系统**：轨道系统采用声波标记图来测量内部轴承的声音和状况，识别损害轴承。替补系统通过检测轴承的散热来识别处于恶化状态的轴承。
   - **轨道几何形位**：轨道车利用成熟的电子和光学设备来检查轨道方向、轨距、曲率等信息。公司还引进了新的车辆跟踪交互系统，用于检测难以识别的轨道几何缺陷。这项信息可帮助公司判断需要对轨道进行维修的时间。
   - **探地雷达**：探地雷达主要是协助隔离地表下面产生的问题，如严重的渗水现象会影响轨道的稳定性。
2. 如果数据直接进入到数据仓库，数据库处理则用来为数据分析做准备，如数据关联、合并和创建正确的数据格式等。此外，这家公司还利用数据仓库的大规模并行处理功能来帮助执行批量数据加载、更新和大型数据集输出。
3. 数据开发过程利用了来自 Hadoop 和数据仓库中的数据。数据模型包括来自探测器、传感器、运输、路线、时间、乘员组等的数据。统计学家在综合考察多个变量和状况后形成对业务的全面认识。不过公司主要关注的还是探测器和传感器，因为两者可以为铁路运行提供实时信息。
4. 在这种使用模式中，对数据和数据模型的评分是在 Hadoop 中进行的。通过对传感器和探测器评分，可以提醒乘务员提前应对相关耗损状况和问题，从而降低成本。

铁路及货运行业借助探测器和传感器来改善安全和服务，在此类技术上进行投资一般也会有较高的投资回报率。探测器和传感器生成了大量的数据。探测器一般安装在轨道的上下、四周或者直接连接在轨道上，用于检测传递设备中出现的问题，从而预防突发事故，增强安全性。这些探测器的主要目的是要通过视觉、听觉和触觉驱动的程序来记录机车和轨道车上出现的问题。另外探测器技术还可以帮助寻找从车轮到轴承中存在的部件缺失、损坏，或缺陷问题。

这些探测器每天都会生成大量的数据集。探测技术共有 5 种，这家公司拥有 2000 多个探测器，全天候收集数据。这些探测器收集到的数据会和其他数据源一起被用来分析，分析团队利用得到的数据输入创建数据模型，进行模式预测，并预测火车发生事故的概率。分析将有助于调整程序和业务规则，实现操作上的改进。传感器和探测器都属于尖端技术，可以产生许多重要数据点，帮助公司更好地管理和识别潜在轨道和设备缺陷。通过与现有及其他类型数据相结合，分析可以提供重要和关键的铁路网络信息。利用预测性分析，可以揭示相关模式，预防脱轨和运行中断问题。

收集和分析探测器数据目的是进行主动应对而非被动维护。当然，采取积极主动的措施可以大大降低突发设备故障，减少设备对速度的影响，提高安全性。这些探测器数据可以改善人工检验结果。视察员可以从数据中了解到需要查看什么问题以及去哪里查看。这些探测器的最终目的是帮助预防脱轨，提高员工和社区的安全性。

探测器和传感器数据帮助公司有效管理网络，采取更加积极的行动。此外，公司大量固定和移动传感器可以提供公司资产的实时运行状态和使用情况。状态检修和工程检测系统可以提高轨道和设备的可靠性，进一步改善保养程序。通过引入包含内存分析技术的高级分析技术，公司具备了建模能力，可以制定正确的日常运营决策，如暂停或改变某列火车的线路。

图 5.12 中的设置可以为这家铁路公司和其客户提供多种帮助。对公司来说，他们可以从任何一种设备上获取信息，包括仪表板和移动设备。手工输入已被自动化所取代。携带纸质文档和使用过时信息也已成为历史。文档不仅是自动化和智能的，而且人们可以随时随地访问数据和信息。信息会分享给不同业务部门、经理和管理人员，而不是一味地录入数据。系统会结合多种不同的数据源，为公司提供第二天的铁路运行情况，帮助公司制定更加精确的日常决策。公司还利用触摸、语音和手势驱动的应用程序来更好地管理业务。公司在预测性分析上的投入可以增强公司网络的安全性，提高速度和准时性。这家公司未来还会继续与他

的企业客户和合作伙伴合作，提供安全可靠的货运服务。

预测性分析不仅让公司获益良多，公司的客户也从中得到了很多帮助。例如，企业可以利用 GPS 系统中的数据分析掌握货物的实时运输状态和精确的到站时间。系统的最终目标是了解客户的需求和潜在顾虑，利用一切机会提高客户体验。

投资和成本

公司要综合利用数据库技术、内存分析技术和 Hadoop 技术，就需要进行大量的投资。三种技术的综合利用可以为公司提供全面的分析功能，可以对所有数据源进行有效分析，提供更好的数据性能，从而提高公司竞争力。

在大多数情况下，数据仓库都是数据架构的基石。经过多年的发展和维护，公司的数据仓库已经具备了多种数据源。由于数据仓库可以为大量的下游应用程序提供数据，所以公司还会继续加大在数据仓库上的投资。鉴于数据仓库在信息系统中的关键地位，公司会继续保留数据仓库。引入数据库技术之后可以将分析直接应用到数据上，从而大大提高系统性能。虽然数据库处理技术并不能满足你的所有需求，但一定会大大地改善数据准备和数据分析的效果。

正如前文所述，46% 的 Hadoop 用户都把它和数据仓库配合使用，Hadoop 可以帮助捕捉多种不同的半结构化数据源。不过在本章介绍的两个成功案例中，公司是把 Hadoop 作为数据暂存和数据着陆区来使用的。所有 Hadoop 的这些功能都可以弥补数据仓库功能上的不足。Hadoop 虽然是开源技术，但同时也是一个生态系统，涉及对相关软件和硬件的投资。此外，公司如果计划把 Hadoop 整合到其他系统，还需要具备熟悉 Hadoop 的人员，来帮助开发和维护编程。由于 Hadoop 是开源技术，因而也不具备用户界面。不过市场上有很多软件供应商，他们可以通过把自己的软件与 Hadoop 相结合，来为 Hadoop 提供用户界面。

在内存分析技术上的投资，其核心其实还是围绕在数据探索和模型开发能力上。市场上有一些垂直解决方案，主要是在金融和零售行业。公司倾向于利用内存分析技术进行大容量模型开发和数据探索。在对内存分析技术进行投资的时候，分析人员还应该与公司数据仓库和 / 或 Hadoop 系统相结合，从而保证数据可以被提取到内存进行分析。如果不与公司数据仓库和 Hadoop 系统进行整合，那么还需要额外投资，单独开发集成协议。集成协议的开发不仅价格昂贵，而且需要占用大量时间来执行、维护和对用户进行培训。

最后，你应该对可以提供端到端功能的供应商进行仔细评估，确保可以充分利用他们的软件、硬件和捆绑咨询服务。如此一来就可以减少和供应商签订合同的数量，同时可以在有限的时间内加快系统的执行速度。在数据分析和数据管理领域，可以提供综合捆绑服务的供应商一般都是行业领导者。数据分析和数据管理的整合可以为公司提供最佳性能，降低成本，加强管理。

下一章会介绍数据分析和管理的未来发展。将介绍 5 个主要的发展趋势，公司可以根据市场发展变化和技术的不断发展情况，选择适合自己的发展方向。

尾注

1. 数据仓库研究所，《最佳实践报告：企业级别的 Hadoop 技术》, TDWI Onsite Education, 2015 年 4 月 1 日。
2. 同上。
3. Deloite, 2015 年美国食品研究：呼吁与消费者再次接轨 , 2015 年 6 月。
4. Hayley Peterson, “美国购物的 4 种方式正在发生改变”, Business Insider, 2014 年 4 月 15 日。
5. Joel Alden, Hana Ben-Shabat, Bobby Wehmeyer, 以及 Basil Wuson, “企业洞察：零售商如何从有价值的消费者收集数据并转化为竞争优势”, Chain Store Age, 2012 年 4 月 23 日。

第 6 章

结　语

前面的章节向读者介绍了一些最新数据分析技术在数据管理和分析时代所发挥的作用。数据库处理技术可以应用于整个分析数据生命周期，用以探索和准备数据，帮助简化数据分析模型部署过程。内存分析技术可以应用于数据探索和模型部署阶段，帮助企业快速高效地分析海量数据。这些分析技术互为补充，通过与传统分析过程相结合，更好地优化数据管理和分析过程。另外，还有很多企业引入了 Hadoop 技术，并将 Hadoop 技术与企业数据仓库和 / 或数据集市以及数据库技术和内存分析技术相结合，用于在协作数据架构环境下分析大数据。企业通过引入和应用这些最新分析技术，来获取以数据为驱动的信息，用于制定有效的商业决策。银行、电子商务、政府、零售、电信和交通等领域中的很多企业都在借助数据库技术、内存分析技术和 / 或 Hadoop 技术来帮助企业解决相关复杂问题，帮助他们获得 IT 和业务方面的有效见解。

那么，数据管理和分析下一步又将如何发展呢？未来 5 年内，可以将数据管理和分析发展推向下一个新高度的重要领域有哪些？有哪些行业正在朝着下一代数据管理和分析领域迈进？上述这些问题，我们会在接下来的几节中为读者提供解答。本章主要讨论以下几个问题。

- 数据管理和分析发展中的 5 个主要领域。
- 数据管理和分析的未来发展趋势。

■ 结语。

5个领域关注点

世界总是处于不断的发展变化中，而就科学技术而言，其发展速度尤其显著。鉴于不论企业处于哪个行业，都在生成、收集和探索大量数据，因而我对数据管理和分析未来的发展充满了期待。企业分析人员、决策制定者和IT人员感兴趣的数据统计多达几十项，而且这些数据项都在以指数方式快速增长。其中有一项数据，每天生产的数据竟然高达2.5EB（艾字节，也就是2.5后面有12个0！）。从机器人到位于外太空的卫星，再到社交媒体照片和近期家庭旅行，这些都是数据来源的一部分。根据相关专家的评估，世界上90%的数据都是由我们的数字设备，在过去两年内生成的。同时，专家还预测，截止到2020年，世界上的数据量将会达到40ZB（泽字节）。而在三年前，全世界万维网中的数据量仅为500EB（艾字节）。也就是说，这40泽字节的数据量是无法想象的。相关软件和硬件IT供应商也在不断努力，希望可以充分利用不断增长的数据。

我们（你和我）作为技术的使用者，在一定程度上也对数据爆炸式的出现起到了推动作用。根据DOMO公司的一项《数据永不止息2.0》（Data Never Sleeps 2.0）的研究，世界上每分钟（即60秒钟）就会产生成千上万的结构化和半结构化数据，其中：

- 脸书用户每分钟会分享250万条内容信息；
- 推特用户每分钟推文30万次；
- Instagram用户每分钟上传22万张新图片；
- YouTube用户每分钟上传72小时的内容视频；
- 苹果用户每分钟下载5万个app；
- 电子邮件用户每分钟发送2亿封邮件；
- 亚马逊每分钟生成8万美元的在线销售额。

毫无疑问，数字数据的快速增长是由互联网和移动设备的普及以及越来越多的人希望加入数字世界的发展趋势所带来的。随着数字世界的扩大和互联网用户的增加，越来越多的新技术也不断出现，帮助人们以前所未有的方式创造和共享信息。但是令人惊讶的是，从现在起截止到2020年，机器将代替人类成为数据的主要生成者，这些机器系统会以智能的方式在数据网络中互相交流，从而生成自主的数据决策：例如，机器传感器和智能设备会通过与其他数字设备交流来传输数据或制定以机器为驱动的决策，从而省去了人类介入的麻烦。所有的数据点，包括点击、点赞、推文、照片、博客帖和在线交易，所有这些数字的和非数字的数据都向人们透露了关于你和我的详细故事（我们是谁以及我们在做些什么）。隐藏在这不断生成的大数据潮之下的是新的想法、见解、答案和创新，它们帮助重新定义商业景观，促生新的发展机遇，改变超越于大数据之外的商业模式。当然，对企业来说，他们所面临的挑战则要具备可以实时捕捉、分类和使用数据信息的能力。对我们这代人来说，这是企业所面临的一项主要技术挑战，其中最突出的一项工作就是要不断解读所收集到的数据。然而，到目前为止，企业只借助分析技术对我们生成的一小部分数据进行了充分解读。根据情报公司IDC的预测，截止到2020年，有33%的数据都包含重要的信息价值，当然前提是我们能够借助恰当的技术和基础设施对这些数据进行分析。如果按照40泽字节的数据总量来计算，33%的比例绝对是非常可观的一个数据量！

随着数据量和数据类别的增加，以及数据增长速度的加快，要支持未来的数据需求，应用和执行综合数据管理和分析技术至关重要。来自世界各地的各行各业的企业，他们同我分享了对他们而言比较重要的方面是什么，以及未来五年的关注点有哪些。他们未来计划探索、引入或者执行一项或多项数据管理和分析技术。所有的企业都相信，借助分析技术，他们可以更好地利用数据，提高竞争优势。他们坚信，投资其中一项或多项技术，可以帮助企业保持在市场上的领导地位，并推动创新，以满足不断变化的内部和外部业务发展和IT需求。他们关注以下5个重要领域。

1. 云计算。
2. 安全（网络安全和数据外泄）。
3. 自动化规范性分析。
4. 认知分析。

5. 一切皆服务（XaaS）。

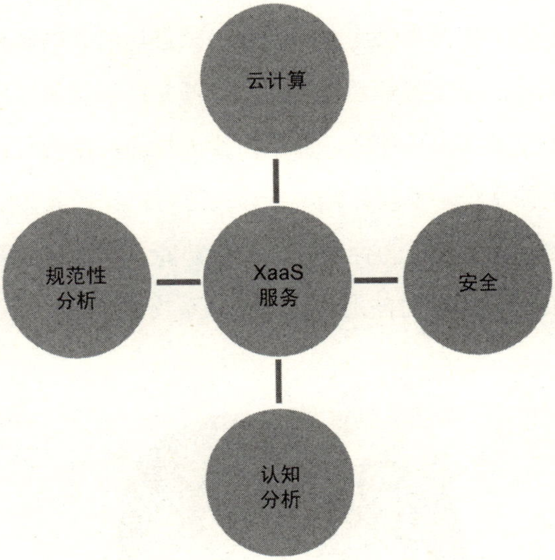

图 6.1 5 个领域关注点

这 5 个领域基本同高德纳、福雷斯特、IT 企业领导者以及数据管理和分析领域的企业领导者和供应商的发展趋势相一致。如图 6.1 所示，“一切皆服务”是企业关注的焦点，它可以帮助企业在近期内实现公司目标。其他的 4 个领域（云计算、安全、规范性分析和认知分析）则是企业希望在未来几年内逐步实现的。接下来将这 5 个领域在推动企业创新方面所发挥的作用进行逐一分析。

云计算

近年来，“云计算”（cloud computing）已经成为 IT 行业内的流行词了。不论是软件供应商还是硬件供应商，大家都在讨论云计算。同时全球云计算市场也在快速发展，预计到 2020 年市场总额会达到 2700 亿美元。近期的一项调查显示，94% 的企业都在使用或者计划引入云计算，将其应用于企业运营。在大数据环境下，云计算是数据管理和分析的一项理想技术（见图 6.2）。

尽管现在有越来越多的人在关注云计算，但依然有很多人不清楚这项技术究竟是什么，以及它与我们目前所使用的技术有何不同。简单来说，云计算技术可以帮助用户存储数据，允许用户在互联网而不是个人电脑设备上访问数据库、服务器和各种应用程序。云计算供应商拥有和维护自己的联网硬件和软件程序，包括商业智能、数据分析和数据管理程序。云计算允许消费者（比如你和我）和企业用户直接使用程序集和应用程序，而不需要大量的前期投资，也无须耗费巨资用于管理和维护软件系统。不仅如此，云计算还可以按照具体的类型和大小为企业提供他们所需的计算资源，为他们提供分析功能，用以支持新的创新想法，帮助 IT 部门运作。你可以在随时随地访问云计算系统，而且只需要针对你所使用的服务来支付费用。

图 6.2　云计算

在和企业讨论云计算的时候，我一般都会给他们列举一个适用的案例。其中一个比较容易理解的例子就是电子邮件，不管是 Gmail（谷歌）、Hotmail（微软）还是雅虎，都是适用的。只要你可以联网，就可以通过输入登录账号和密码进入应用程序，开始收发邮件了。电子邮件的服务器和管理软件都位于云端（互联网），全部由云服务供应商在管理，如微软、谷歌以及雅虎。消费者（你和我）可以直接使用软件，享受软件带来的众多便利。

数据仓储和分析系统的本地部署对很多企业来说都是一项关键战略，而把数据转移到云计算系统则为企业提供了一个更加现代化的数据存储方式。云计算可以帮助开发人员和IT部门专注于最重要的数据，避免了诸如采购、维护和容量规划等烦琐的任务。随着云计算的普及，已经出现了几种不同的模型和部署策略，以帮助满足不同用户的特定需求。随着云计算的普及，市场上也出现了集中不同的模型和部署策略，可以满足不同用户的具体需求。

云计算服务市场的增长会受到全球对技术服务需求的影响，而世界对技术服务的需求则主要取决于世界经济的发展状况。就目前来看，云计算市场需求主要来自于西方发达国家，如北美和欧洲市场。发展中国家对云计算这一概念的适应速度相对较慢，这些国家对云计算市场发展的推动作用主要会在本十年期的后半段体现出来。由于缺乏基础设施和相关技术知识，新兴经济体落后的技术限制了云计算服务的发展。选择合适的云计算类型可以帮助用户实现控制平衡。

云计算分类

市场上目前有几种云计算和云部署方案可供企业选择。其中使用比较普遍的三种分别为基础设施即服务（Iaas）、平台即服务（Paas）和软件即服务（Saas）。云部署有公共云和私有云两种。不同类型的云计算和云部署可以为企业提供不同级别的控制、灵活性和管理。企业需要了解Iaas、Paas和Saas之间的差异，以及哪种部署策略可以针对公司的数据管理和分析技术，为其提供合适的基础设施（见图6.3）。

IaaS主要适用于网络架构师，PaaS适用于应用程序开发员，而SaaS则适用于所有类型的终端用户。

下面详细分析一下每种云计算。

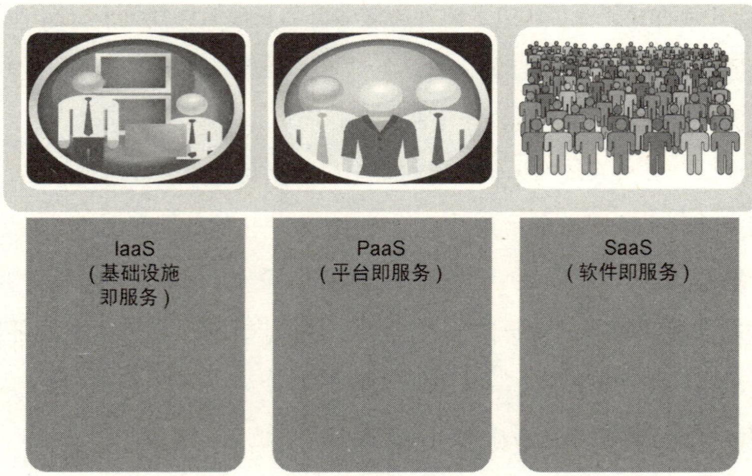

图 6.3　云计算服务主要类型

基础设施即服务（IaaS）

IaaS 包含云 IT 所需的基础构建模块。IaaS 有时也被称为“硬件即服务”或者 HaaS（Hardware as a Service）。也就是说，服务供应商自己拥有、运行和维护所有用以支持云计算操作的设备，其中包括存储中心、硬件、数据服务器和网络组件。IaaS 可以给企业提供最高级别的灵活度和 IT 系统管理控制权，同时能和现有的 IT 资源相媲美。IaaS 用户可以运行相关软件、应用程序，并控制操作系统，而 IaaS 供应商则负责管理支持系统的基础设施，如服务器、网络和数据库。用户不需要从外部购买硬件设备，只需要根据自己的消费情况来付费，类似于水电或其他公共服务的付费使用。

对于不具备 IT 资源或者网络、网络管理专业知识以及数据管理能力的企业来说，IaaS 是比较理想的选择。例如，IaaS 供应商的主机可以为企业提供他们所有的数据中心，其中包含用于数据存储的硬件（如数据仓库或数据库）、防火墙和访问网络。用户可以通过一个安全的网络界面来访问数据。如果使用 IaaS，用户就无须在硬件创建和维护上进行投资了。此外，企业也不用保留一个专门的团队，进行数据管理。

平台即服务（PaaS）

PaaS 为用户提供底层基础设施，用户无须进行硬件和操作系统管理。也就是说，用户可以在互联网上租赁硬件、操作系统、存储和网络容量。PaaS 可以帮助用户专注于部署和应用程序的管理。由于无须担忧硬件采购、容量规划、软件维护和升级，以及其他涉及应用程序运行的繁重任务，所以用户可以进行更加有效的数据管理。

这些云平台服务在为软件提供云组件的同时，还可以用于应用程序和其他程序创建。程序员和开发员可以借助 PaaS 获取可以直接管理的架构，并基于该架构创建或定制应用程序。PaaS 可以让应用程序的创建、测试和部署更加便捷快速，成本也更加低廉，这主要得益于以下几方面的原因。

- **操作系统的功能可以进行频繁变更和升级**。开发员和程序员拥有多个操作系统，从来不会受制于单一类型的操作系统。
- **来自世界各地的开发员可以在同一个项目上协同合作**。由于开发员可以运行自己的操作系统，所以就不存在兼容或升级的问题。用户因而也可以充分利用随时随地都可以获取到的多种资源。
- **共用的基础设施可以有效降低成本**。他们不需要单独的存储中心、服务器或其他硬件。用户可以分享共有的基础设施，减少开支。

此外，借助 PaaS 进行应用程序开发还可以利用相关云功能，如高可用性和可扩展的高性能等。PaaS 可以帮助企业最大限度地减少编程或编码的必要性，实现业务政策自动化，便于企业问责和审核。

软件即服务（SaaS）

SaaS 可以为用户提供一个完整的软件产品作为服务。得益于网上交付模型，Saas 消除了在个人计算机上安装和运行应用程序的麻烦。借助 Saas，企业可以轻松实现系统维护和支持过程的简化，因为供应商会负责管理一切事务，包括应用程序、运行时间、数据、中间件、操作系统、虚拟化、服务器、存储和联网。如果使用 SaaS，服务供应商的主机会为用户提供可以借助网络（通常是借助互联网）访问的应用程序。随着越来越多的企业依赖于软件服务来运行业务，SaaS 成为使用最为普遍的一种模式。目前有以下两种存在轻微差异的 SaaS 模式。

1. **主机应用程序管理模式**：供应商提供在市场出售的软件，并通过互联网交付。例如，电子邮件服务供应商谷歌或者雅虎就使用这种模式来提供电子邮件服务，并借助物联网将其分布到所有的网络浏览器。

2. **按需定制软件**：供应商提供独特的软件服务，并通过特定网络交付。例如，一家设计公司可能会使用这种模式来提供最新的 Adobe Suite，并通过自己的网络提供给所有设计者。

这种服务可以帮助消费者充分利用在云基础设施上运行的终端用户应用程序。借助 SaaS 服务，用户无须担心服务的维护和底层基础设施的管理，只需要关注如何使用软件本身就可以了。用户可以借助客户界面在多种设备上访问应用程序，如借助网络浏览器访问基于网络的电子邮件系统。用户不需要管理或者控制底层基础设施或个人应用程序功能。

另外，还可以将 SaaS 应用于数据分析。用户可以通过访问分析工具来运行线性回归、购物篮分析、客户关系管理和行业（医疗保健、零售和制药）应用程序。有些企业，虽然他们并非传统意义上的软件供应商，但是现在也开始创建 SaaS，并将其作为一种额外的收入途径，从而保持企业的竞争优势。

SaaS 代表着最大的云服务市场，并且还在快速发展（第二大云服务市场是 IaaS）。SaaS 借助网络来交付由第三方供应商管理的应用程序。多数 SaaS 应用程序都可以直接在网络浏览器上运行，无须下载或安装。不过，在不久的将来，这三种模式的需求都会有所增加。

云计算部署

市场上有多种部署方案可供选择，用以支持你所选择的云服务类型。在所有的云计算部署中，私有云和公共云计算是使用最为普遍的。近期的一项研究表明，只有 7% 的企业采用的是私有云计算，而 58% 的企业使用的都是混合型的云计算，也就是私有云和公共云的结合。虽然基本的云计算类型只有三种，但有可供选择的部署方案却有四种，即公共云、私有云、混合云和社区云。

公共云

公共云面向的是一般公众，云基础设施由云服务供应商拥有和管理。公共云部署的创建前提是，有多家企业具有相似的需求，并同意共享基础设施，如软件或者服务器。此外，公共云还相对经济实惠，用户可以以较低的成本访问软件、

应用程序和 / 或存储数据。不仅如此，如果使用公共云，企业员工即便不在办公室，也能保证较高的工作效率。

私有云

私有云只对拥有一定资源的单一企业的用户或企业合伙人开放。私有云可以在配备软件和硬件的企业数据中心创建并进行管理。私有云可以由第三方供应商拥有，也可以由本地或远程管理（本地也可以是在公司内管理）。一般来说，计划利用云计算的优势，同时又希望掌握对使用环境控制权的客户都倾向于选择私有云。私有云可以帮助简化 IT 操作过程，实现对应用程序的按需访问，并提高现有硬件的利用率。

混合云

混合云结合了私有云和公共云的特征。企业可以在特定时期，如月初或购物高峰期如假期等时间段，通过关联公共云和私有云，来应对突增的计算需求。混合云部署的目的是把基于云的资源如基础设施和应用程序同没有位于云端的企业现有资源关联起来。比较常见的混合云部署方案是把云资源关联到企业内部系统，提高计算性能和灵活度。

社区云

社区云和私有云相似，只不过社区云面向的是拥有类似云需求的社区而已，他们的最终目标是要通过协作实现相似的业务目标。社区云一般适用于正在开展合作项目、应用程序或调研的学术机构、企业或机构，在开展合作项目的时候，这些企业机构一般需要一个云计算中心，来帮助开发、管理和执行相关合作项目。社区云与拥有共同需求的多个企业共享基础设施，社区云可以内部管理也可以由第三方管理。在成本方面，不同于私有云，社区云有多个成本分摊用户，但是其分摊用户要少于公共云。

云计算的优势

使用云计算可以给企业带来多种优势，其中包括成本低、可靠性高、管理便捷和战略重点突出等。

成本低

使用云计算的一个主要优势就是可以帮助企业降低成本。不管企业的类型和大小，将资本支出和操作支出降低到最小一直都是企业所要面临的一大挑战，也是企业不断追求的目标。因为云计算不需要内部服务器存储，对应用程序和支持人员也没有任何要求，所以可以最大限度地为企业降低资本成本。另外，由于基础设施位于企业外部，因而还可以节约用电、公共使用和管理费用。企业不需要在数据中心和服务器上进行大量投资，只需要针对所使用的内容和服务来支付费用就可以了，如此一来就省去了原始的IT投资。我们普遍认为，只有大型企业才能负担得起云计算。而事实正相反，对中小企业来说，云服务也同样是经济实惠的良选。

管理便捷

得益于对资源的集中管理、供应商管理的基础结构和有保证的服务级别协议，云计算可以为企业提供增强和简化的IT管理和维护功能。服务供应商会负责IT基础设施的维护和更新，管理用以支持架构的资源。而终端用户则可以借助简单的Web-based用户界面来访问软件、应用程序和相关服务，来满足用户的数据管理和分析需求。企业不需要投资额外的资金和时间来创建新的服务器或分割数据筒仓。借助云计算，企业可以获得无限的存储能力和可伸缩性。

可靠性高

使用托管服务平台，云计算可以提供高可靠性和高性能的基础架构。许多云计算供应商都提供服务级别协议，确保服务可以全天候使用。企业也可以从大量的IT资源和快速故障转移结构中获益。如果服务器出现故障或问题，那么主机应用程序和服务可以轻松定位到云系统中可用的备份服务器。

战略重点突出

如果你的公司不属于IT商店，云计算还可以减少专业技术给你带来的困扰。你不需要进行IT采购，高性能的计算资源也可以确保你的竞争优势，让你总是领先于市场。有了云计算你就无须再担心技术问题，只要专注于企业的核心活动和目标。另外，云计算还可以缩短新应用程序和服务的上市推广时间，企业可以将更多的精力放在战略重点上，而无须分散精力来处理基础设施方面的问题。云计算可以帮助你把重点放在客户上，而不是处理服务器方面。

云计算的不足

当然，云计算还存在一些不足和缺陷，如安全和网络攻击问题、故障停机、有限的控制权和技术互用性等。

安全和网络攻击

使用云计算的用户最为关心的就是安全问题了。尽管云服务供应商执行的是最高安全标准和行业认证，但是把数据和重要文件存储在企业外部还是会存在外泄的风险。使用云技术就意味着你同意服务供应商访问你重要的企业数据，而这些数据是比较敏感且需要持续保护的。公共云则每天都面临着较高的安全挑战。另外，购买和使用云服务的便捷性也给了部分恶意用户可乘之机，他们会借助相关功能来扫描、识别和探索系统漏洞。例如，在公共云的基础设施里，多个用户都同时使用同一个服务器，电脑黑客就会趁机窃取同一服务器上其他用户的重要数据。

技术故障

由于云服务供应商每天都需要处理众多用户问题，所以他们也会遭遇技术故障，这会暂时影响到你的业务运行。由于你是通过互联网来访问云服务的，所以一旦网络连接出现问题，你就无法访问云端的应用程序、服务器或数据了。

有限的控制权

由于云服务的基础设施是由服务供应商拥有、管理和监控的，所以用户对系统的控制权很有限。用户唯一可以管理和控制的只是应用程序、数据和服务，但是对后台基础设施本身没有控制管理权。用户只能使用供应商根据协议所提供的服务。

互用性和兼容性

尽管云服务供应商声称云服务使用灵活，易于整合，但是不同云服务之间的转换目前来看还不是特别成熟。即便用户找到了更好的云服务，但是从一家供应商转到另一家供应商还是存在一定的困难。把当前的云应用程序转移并整合到另一个云服务平台会产生一系列的互用和支持问题。例如，在 Microsoft Development Framework（.Net）上开发的应用程序可能无法在其他平台如 Linux 上正常运行。

云计算无疑会给企业带来各种利益。但是使用云计算有利也有弊。我个人建议企业详细对比下云计算的各种优势和弊端，然后选择适合自己需求的云服务供应商。尽管云计算可能并不适合所有的企业，但是在不久的将来，我们还是应该考虑将其纳入到数据管理和分析中。

安全问题：网络安全和数据外泄

数据信息安全问题已经出现很多年了。不管企业性质如何以及处于哪个行业领域，都会遭遇到信息安全问题。在娱乐界，索尼影业有限公司遭遇的网络攻击侵入了公司内部服务器，使得公司的财务报告、高管的电子邮件、员工健康数据，甚至包括未公布的视频和脚本都暴露给了公众。在政府部门，美国人事管理办公室（OPM）也曾遭遇黑客袭击，数百万人的姓名、住址、社会保险号和背景调查等个人信息都被曝光。在这次的数据泄露中，其中还包括上百万份的指纹信息。在金融领域，曾经的一次网络攻击泄露了华尔街巨头摩根大通上百万家庭和小型企业客户的信息，包括客户姓名、地址和电话号码。另外，在医疗保健行业，Anthem，Inc. 曾经遭遇过一次外部网络攻击，导致数百万客户和订阅者的个人信息如医疗号码、社会保险号码、收入信息和联系信息等被窃取。总结来说，过去 5 年内共有 25 亿条个人信息因网络攻击被泄露。

正如前文所说，数据是企业的战略资产，应该受到严密保护。为确保 IT 安全，企业常做的方法是借助分析工具来检测异常现象。例如，在金融领域，Visa、MasterCard 和 American Express 等公司都基于交易模式，借助数据和分析工具来检测潜在的诈骗交易。在公共领域，政府机构也利用数据和分析工具来识别社会项目中存在的恐怖主义威胁、内部威胁和其他情报信息。尽管大数据给企业带来了机会，但同时也为电脑黑客带来了可乘之机。借助众多数据资源，黑客也在寻找攻击企业 IT 系统的新途径，利用大数据所带来的机遇来执行网络袭击，导致数据泄露。

安全问题与近期大规模的数据外泄和网络攻击密切相关。鉴于近期发生的一系列安全事件，安全问题也已经成为许多主管的一大担忧，特别是首席信息官（CIO）和首席安全官（CSO）。在上面介绍的这些安全事件中，网络攻击给 Anthem，Inc.、J.P. Morgan Chase、索尼影业、OPM 和 Target 等都带来了严重的数据外泄。这类网络攻击每年都给企业带来高达 4000 亿美元到 5000 亿美元的经济损失。为确保安全问题，企业在 IT 方面的投入也越来越多。据分析公司 Gartner 预测，截止到 2018 年，世界在信息安全方面的花费将达到 1000 亿美元。另一份来自 Markets and Markets 的报告显示，截止到 2020 年，网络安全市场的市值将达到 1700 亿美元。不出所料，鉴于其行业性质和数据的敏感度，航空航天、国防和情报等行业将继续成为网络安全解决方案发展的最大贡献者。

数据外泄和网络攻击不仅会给企业带来损失，而且会影响到企业的消费者、客户和订阅者。如果我们的个人信息遭到泄露，很可能会遭受偷窃、信用卡盗用和保险虚假索赔等诈骗活动。不幸的是，很多企业并不具备或缺乏恰当的分析方法、战略、过程、技术和技能来检测和预防网络安全问题的能力。由于公司和其他机构不仅不能有效防止网络攻击，而且都依赖于本就不安全的网络和技术，所以我们就需要采用更加明智的安全防御策略。与传统的安全方法和防止网络攻击所做努力相比，由于大数据涉及众多数据源，因而其增加了分析的复杂性。在谈及网络安全的问题时，人们已经意识到捕捉各种数据点并利用高级分析工具的重要性。企业也在积极利用数据管理和分析工具，借助高级算法对历史数据进行实时分析，从而检测欺诈和其他安全问题。相关平台可以提醒安全人员存在的一些潜在威胁，帮助他们快速应对。除了使用配备相关工具和解决方案的技术以外，所有的大中小企业都必须意识到不断出现的网络安全问题，并通过应用安全监测技术来制定协调战略，快速应对。

传统方法中的安全漏洞

事实证明，传统的转储—分析途径起不到什么作用，因为相关数据的存储和分析都不及时。新的方法应该可以通过利用和评估数据来判断哪些数据可以用来执行网络安全行为分析。在当前的方法中，信息安全问题主要是根据相关联的数据来判断的，根据相关数据来检测已知或过去网络攻击模式：“当前的状况如何”以及“以往是何种状况”。但是这种方法存在一些不足。

有限的数据类型分析

大多数系统都利用关系数据库，因此需要在数据加载之前对所有数据进行汇总、整合和预定义。数据预定义的要求和控制数据发送的方式会限制收集和分析数据的数量和种类。对终端用户来说，如果系统有了更新或版本变更，他们也需要花费大量的时间来管理数据系统。所有这些都会对分析师查看安全数据产生限制，他们可以执行分析或应用分析工具的可用数据也会受限。

对事件的检测迟缓

正如在第 4 章中所提到的，数据库对特定的数据类型和架构来说是很理想的选择。要保证信息安全，预防网络攻击，企业就需要源源不断的位置、物理安全信息、角色和身份标识等数据信息。想要利用数据库来导入上述数据，就需要在执行数据分析前对数据进行预定义，而对数据进行整合和定制又会进一步导致分析的延迟。这些数据点和上下文详细信息都是必不可少的，并且会对事件检测的方式——主动检测还是被动检测——产生重要影响。

缺乏专门或实时功能

该系统旨在收集、筛选和关联来自安全设备的日志事件，以检测所有生成日志和警报中存在的问题。通过同时对多个数据点的日志进行分析，系统可以识别出最重要的警报来进行调查。为了分析多个设备中的事件，必须对数据进行规范化处理，并将其存储在数据库中。但是，这种设计主要是针对警报检测来进行优化的，在借助专门查询来检测多个接触点和系统中的攻击事件方面并不是很有效。

固化的应用程序和解决方案

不管企业是何种性质又或是处于哪个行业，任何两家企业都不可能是完全相同的。每个企业都有自己独特的技术和环境、安全过程、数据库和分析应用。有些开箱即用的功能和报告或许是普遍适用的，但大多数企业都需要根据自己的环境和业务需求来定制安全解决方案。这包括调整现有的相关业务规则，创建企业仪表板和报告，以及生成新的业务价值。此外，在应对比较先进的安全威胁和不断变化的网络安全问题方面，一般还需要利用半结构化的非传统数据源（视频、博客等）。

ESG（企业战略集团）最近的一项调查显示，27% 的企业表示，他们不具备足够的能力通过分析相关情报来进行安全事件的检测。由于如今的多维网络攻击都是动态发展的，且可以借助多种战略和技术来攻击企业的网络和数据系统，所以说仅仅分析当前安全状态或模型是远远不够的。此外，传统的方法和安全设备主要用于从某个特定的角度来识别攻击，如网络、攻击性质、恶意软件、主机或 Web 流量等方面。这些不同的技术检测到的都是网络攻击的单个方面，缺乏对安全问题的宏观把握。这也就使得网络攻击极难识别或调查。除非关于事件的所有数据都汇总在一起，否则很难判断黑客攻击的目的是什么。

要对抗网络安全问题，为高级分析创建一个强大的数据管理基础是至关重要的。这就需要对网络、主机（如终端点和服务器）、应用程序和数据库中的所有活动都进行深入了解，包括事件监视、报警和分析，然后将相关威胁信息重新纳入到监视、报警和应对流程中。IT 和网络安全团队还需要具备借助在整个技术堆栈（如防火墙、IPS、反病毒程序和服务器）中找到的安全威胁信息来检测攻击活动的能力。所有企业都面临的一个问题是如何在网络安全问题上主动出击而不是被动应对，并快速确定事件发生的根源，在事件扩展到整个企业之前将其控制住。当然，我们的最终目的是要把获取的信息重新输入到数据系统，从而不断完善网络安全防御机制。

拿破仑 · 波拿巴在发动欧洲战争时曾说过，“战争的胜败 90% 取决于对信息的掌握”。在对抗网络安全和网络攻击方面，拿破仑的这一论断在今天依然适用。在制定以数据为驱动的决策中，信息发挥着至关重要的作用。要应对新型网络威胁，就需要不断加强数据收集和处理，并注重借助分析工具对安全数据进行分析。如果你所在的企业计划开启或加强数据安全防御，建议考虑一下企业 IT 系统中存在的以下问题。

不能收集和分析所有相关数据

就目前来说，分析网络安全所受到的局限主要来自于企业和网络软件解决方案不能有效利用所有的数据资产。由于多维网络攻击一般都会侵入多个系统、网络、协议、文件和行为，所以企业也需要对所有相关数据进行分析。这也就意味着要收集多个数据源的数据，如日志、数据流、网络数据包、视频、身份系统和物理安全信息等，并将这些数据共享给 IT 和网络安全团队的所有成员。另外，由于多维网络攻击有可能会持续很长一段时间，所以有必要把历史分析也纳入到新的分析中去，便于分析师分析攻击产生的根源所在，并判断网络攻击或数据外协所波及的范围。通过借助恰当的网络分析解决方案，就可以根据所提供的文本来积极识别潜在安全威胁模式和异常行为，以及可能涉及的欺诈、盗窃或其他安全违规现象。

创建灵活的数据管理系统

虽然原始数据格式和上下文信息会被保存下来进行后期整合和管理，但网络安全团队也应该具备标记、索引、丰富和查询单个数据或数据集的能力，以便获得更加全面的安全威胁检测 / 应对视角。如此一来，分析师就可以将上下文信息添加到原始数据中，便于采取主动的应对措施。此外，通过增加数据的丰富性，还有助于简化网络调查的过程，提高调查的效率。

复杂的数据访问和应用程序使用

不管是哪种操作，尤其是在网络安全方面，都需要针对出现的情况能够快速提问并找到问题的答案。引用著名的质量控制专家、操作专家和渊博的统计学家爱德华兹博士的话来说，“如果你不能提出正确的问题，那就什么也发现不了。”这句话适用于所有的行业，而在网络安全问题的检测方面则尤其适用。如果安全团队不能很好地访问、分析和理解数据，那么任何数据尤其是安全数据都将沦为黑洞。为此，应用程序必须提供一个简单便捷的界面，以方便用户访问数据，应用高级分析工具。这样就可以帮助分析师快速调查威胁事件，获取有益见解。另外，应用程序还应该支持创建仪表板、查询和报告的简单方式，为企业管理层和领导团队提供安全运行信息。如此一来，具备数据准备、数据探索、数据可视化和高级分析功能的应用程序就可以提供对数据的全面解读，并基于所有的数据要素来追踪历史趋势了。

在最重要的资产——数据的保护方面，企业面临着严峻的考验。在这个处于不断发展变化的世界中，企业在过去几年中所采用的数据保护程序和技术已经不再适用了。这时候我们不妨先退一步，对当前的网络安全状况进行整体评估。这有助于我们了解现代多维网络攻击的复杂本性，说服企业领导者选择一种更加积极主动的全方位网络安全战略。因此，想要更好地应对网络攻击所带来的安全问题，企业需要采取更加坚定的分析解决方案，将数据转化为情报。这意味着企业需要收集、处理和分析所有数据，并专注于检测和处理安全活动所需的人员、过程和技术。另外还要求企业以协调合作的方式来应对出现的事件，并通过区分、概括和分析问题来调查并确定其根本原因。然后将调查结果输入加载到应用程序，来进一步制定完善的安全防御措施。

这种网络安全防范的新方法，再加上额外的咨询服务，可以看作是数据管理和大数据分析技术之间的一种端到端关系。技术本身必须是可伸缩、可管理且易于使用的。但是只拥有正确的技术和基础设施还不够。企业同时还需要一套能够提出正确问题、有效利用数据以及利用分析工具阻止黑客活动的程序。

电脑黑客

黑客拥有不同程度的技能和专业知识。根据情报公司 IDC 的分类，黑客共分为六种，分别为意外黑客、内部黑客、投机黑客、专业黑客、职业罪犯黑客和政府雇用黑客。下面对这六种黑客进行详细介绍。

黑客分类

下面是对每种黑客的简单定义。

- **意外黑客**：临时为企业工作的员工或承包商，因缺乏相应的经验而导致数据外泄。
- **内部黑客**：（相较于意外黑客）技术更加娴熟的企业员工，熟悉企业内部网络，利用企业网络缺陷谋取私利。
- **投机黑客**：第三方或企业外部人员，不具备重要的专业技能，主要是通过利用蠕虫和病毒等基本工具进行网络攻击（这类人喜欢吹嘘自己的网络攻击行为）。
- **专业黑客**：具备专业知识和技能的真正黑客，通过利用恶意软件来攻击 IT 系统，通常出于政治原因或其他特定目的。

- **职业罪犯黑客**：某些团体组织（包括恐怖组织）中有组织的黑客活动，利用其高水平的专业技能通过破坏企业信息来谋取经济利益。
- **政府雇用黑客**：受雇于国家政府机构，利用国家级专业技术来获取战略或经济信息。

交互式投票公司 Harris Interactive 近期进行了一项调查，主要针对数据外泄的原因以及数据外泄是如何被发现的。调查结果详见表 6.1。该调查显示，数据外泄的第一个主要原因是由于计算设备丢失或盗窃导致的，约占 46%；第二个主要原因则是由员工失误或无意操作造成的。排名第三和第四的数据外泄原因分别为第三方故障，占 43%，以及黑客或犯罪分子攻击，占 33%。表 6.1 还介绍了数据外泄是如何被发现的。令人惊讶的是，有三分之一数据外泄行为曝光都来自客户或消费者投诉。也就是说，如果不是外部人员的“告知”，企业根本就意识不到自己遭到了网络攻击或数据外泄。

表 6.1　数据外泄原因

数据外泄原因	比例
计算机或移动设备丢失或被盗	46%
员工失误	42%
第三方故障	42%
犯罪分子袭击	33%
技术系统混乱	31%
内部人员恶意行为	14%
员工非恶意行为	8%

企业意识到数据外泄事件的途径：
审计 / 评估：52%
员工检测：46%
客户投诉：36%

黑客攻击的新目标

数据库或数据仓库仍是黑客入侵、访问和攻击的首要目标。一旦黑客进入到系统，公司及其客户的敏感数据和关键信息就遭到了暴露。除了数据误用的情况以外，网络攻击一般都会扰乱公司的日常运营。黑客通常会要求公司支付赎金才会恢复系统的正常访问，否则就会将数据曝光给公众。勒索已经不足为奇了，而且黑客勒索还有日渐猖狂的趋势。黑客的惯用伎俩是借助特定软件把系统封锁，公司如果不按照要求支付一定的费用如比特币，用户就无法正常访问系统。这里简单介绍下比特币，比特币是一种新型货币，对于那些不熟悉比特币的人来说，它是一种新的货币，属于对等网络上的开放资源，可以帮助非金融机构管理交易。

正如前文所说，任何行业内的企业都有可能会遭遇网络攻击。但是在2016年春季，医疗保健行业尤其是很多医院都遭遇到了一系列的网络攻击。由于传统的医院一般很少会在网络安全上进行投资，所以医院是行业内比较容易受到攻击的企业。除了恶意软件和其他的网络安全软件外，医院还应该警示医生和护士，不要随便查看或点击电子邮件中的可疑链接。黑客通常是借助网络漏洞或者网络钓鱼攻击，也就是通过引导公司员工点击电子邮件中的链接或附件进入到企业系统。员工如果点击了邮件中的可疑链接，拥有先进工具的黑客就会很容易侵入到企业的技术系统。而医院的医生和护士大多是技术的初级使用者，无法识别和判断哪些是恶意电子邮件，是不能随便点击的。由于医院现在都依赖电子系统来协调病人护理、交流关键健康数据以及避免用药错误，但正因为如此，医院一旦遭到黑客袭击，病人的利益也可能受到威胁。从某些方面来看，由于医院的安全系统远不如银行、零售和科技等其他行业的成熟，所以医疗保健行业才极易受到网络攻击。对比而言，金融服务或技术公司一般会将高达三分之一的预算用于信息技术和安全上，而医院在这方面的投入只占预算的5%。图6.4对不同行业遭受的网络攻击事件进行了统计。

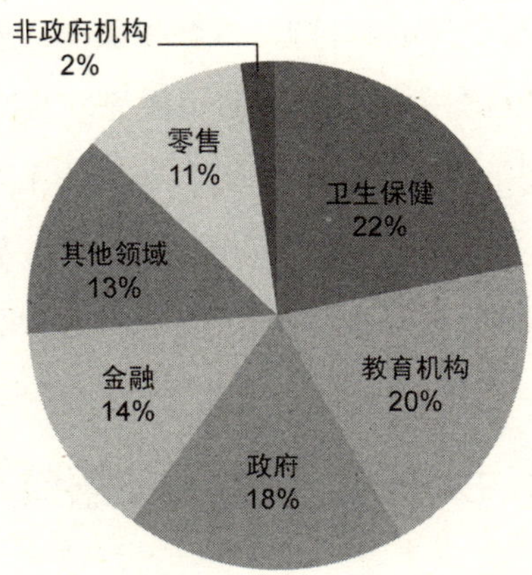

图6.4 不同行业遭受网络攻击情况

医院以往总是追求医疗技术的革新，但是现在他们也意识到，他们的责任不仅在于医治病人，还需要加强其技术系统，保护病人的医疗记录不受黑客威胁。医生和护士都依赖于数据来治病救人，而医院的电子系统就是为了防止他们在工作中出现失误的。药剂师也需要借助 IT 系统来快速查看病人的信息，了解病人目前在使用的药物情况，并在开具药方时了解病人存在哪些过敏症。护士也需要利用 IT 系统来扫描药物和病人的医护腕带，才能给病人以正确的治疗。如果把病人的重要诊断信息记录在纸质文档上，医生或护士一不小心就可能会把相关文档弄丢。

在美国多家医院曾经遭遇的网络攻击案例中，黑客将病毒渗入到医院的计算机系统，迫使医院关闭整个网络，医院不得不将病人拒之门外，并推迟相关手术的进行。而医院纸质文档中记录的信息都不完整，而且没有及时更新。黑客要求医院在支付一定金额的比特币后，才会恢复 IT 系统的正常运作。

除了传统的数据库之外，黑客现在已经把矛头指向了网站和社交媒体等其他数字资源。据全球顶级市场情报公司 IDC 的报道，网络攻击者现在已经开始攻击社交媒体（脸书、Instagram、推特）、移动设备（移动电话、平板电脑、PDA）、云端系统（私有云、公共云和混合云）等现代技术，并最终将矛头指向物联网（IoT），在物联网中，各种数字设备都会和互联网相关联（本章后面会详细介绍物联网）。

提供网络安全服务的供应商也在不断创建更加先进的解决方案，特别是网络分析服务。与此同时，黑客攻击能力也在不断进化，并开始瞄向新资源和新目标领域。在进行网络攻击的时候，他们一般还是会寻找易于下手的领域（如医疗保健和医院）。网络安全的现状也变得更加复杂，在数据保护、预防网络攻击以及积极减少网络安全威胁方面，CIO/CSO 也面临着很大挑战。仅仅具备数据管理和分析能力是远远不够的，企业还需要对员工进行培训，告知他们时刻保护企业敏感数据，不要点击可疑邮件链接，并上报任何网络欺诈活动，这些都需要企业做出持久不懈的努力。要很好地应对网络安全问题，需要企业积极协调相关人员、流程和技术。

自动化规范性分析：物联网、事件和数据流

在过去五年中，数据分析这一术语和话题已经成为世界各地（美洲、欧洲、

中东和亚太地区）以及各个行业的热门话题。企业也加大了在数据分析方面的投资，促进业务和企业操作方面的决策制定。供应商在花费巨资进行研究和开发，以期不断为客户提供最佳产品。领域之外的很多企业也纷纷加入到数据分析的大潮，希望从中分得一杯羹。分析市场现在已经超过了大数据搜索，并且还衍生出很多次级领域。我们对描述性分析和预测性分析都比较熟悉了，因为这两个概念已经出现 10 多年了。然而，最新的趋势或流行语是规定性分析（prescriptive analytics），也就是描述性分析和预测性分析的结合。下面介绍以下这三种分析的不同。

第 5 章讨论了描述性分析和预测性分析的特征。描述性分析主要通过探索历史数据来对过去性能和现象进行评估，探索决策成功或失败的原因。预测性分析主要是根据数据分析来对未来进行预测，借助描述性分析的规则、算法和多种外部数据，并结合描述性分析的历史性能分析，来预测某一事件可能出现的结果或者某种情况发生的概率。规范性分析分别结合了描述性分析和预测性分析的特征，把分析推向了新的高度，分析不再仅仅局限于对未来结果进行预测。规范性分析不仅可以预测未来可能发生的事件，而且可以预测事件发生的时间和原因。在以数据为驱动的决策制定方面，规范性分析可以帮助决策者充分利用未来机遇，减轻未来风险的影响，并分析每项决策背后隐藏的风险。不同于描述性分析，规范性分析有赖于所有数据源，包括结构化数据（数字和类别）和半结构化数据（视频、图片、音频和文本），同时结合定义明确的企业规则，来帮助企业分析师判断需要采取什么措施以及未来可能出现的情况。规范性分析还利用先进的自动化数据技术制定决策（如优化和模拟模式）来评估替代项，并及时给出决策推荐。

规范性分析需要定义明确的过程、技能娴熟的人员和可伸缩的技术。可伸缩的技术可以帮助分析多种数据源。技术本身不仅要分析企业所有的数据源包括结构化和半结构化数据，而且还需要应对处于高速动态变化的多种海量数据。业务流程由对限制、偏好、策略和最佳实践进行明确定义的业务规则组成。而技能娴熟的人员则需要通过应用统计学、运筹学、模式识别和机器学习来开发数学应用和计算模型，实现对规范性分析的有效应用。规范性分析一般是在没有技术支持，且需要应对多种选择、变量、约束和数据点的情形下使用的。图 6.5 对描述性分析、预测性分析和规范性分析三者的关系进行了说明。

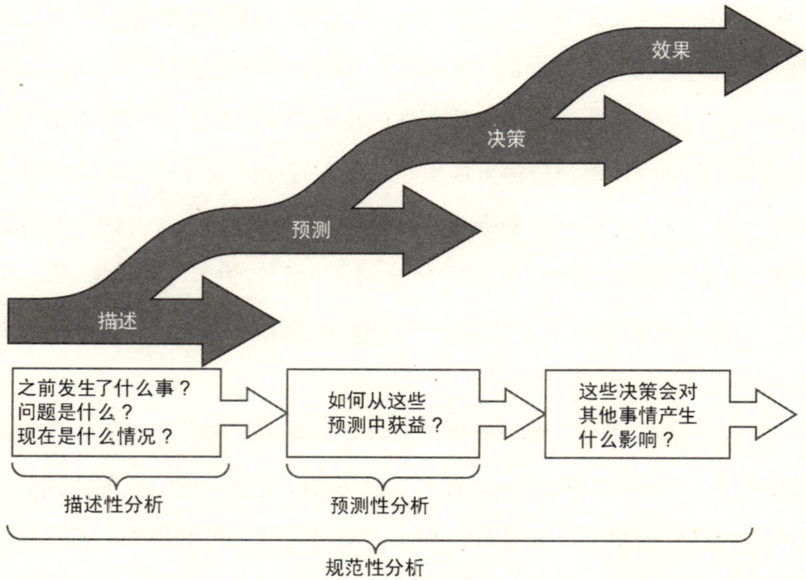

图 6.5 规范性分析

根据高德纳近期的一项报告，在所有接受调查的企业中，目前只有 3% 在使用规范性分析软件，而有 30% 的企业在使用预测性分析技术。但是随着数据量和数据种类的快速增加，技术的快速发展，规范性分析技术的应用有望在未来五年内实现重大突破。表 6.2 对描述性分析、预测性分析和规范性分析进行了对比。

表 6.2 不同分析类型（描述性分析、预测性分析和规范性分析）对比

类型	描述
描述性分析	被企业广泛使用；查看历史数据；提高分析技术使用的透明度；便于理解
预测性分析	扩展使用；功能上对描述性分析进行补充；验证假设，帮助企业决策；为企业未来发展提供指引
规范性分析	结合描述性分析和预测性分析；基于不同情境提供决策建议；提供对所有数据源的整体认识

在过去五年，分析技术变得越来越自动化，已经成为企业必须具备的一项技术。尽管规范性分析会给用户提供行动推荐，但是自动化的规范性分析技术可以根据分析结果自行决策，无须人类用户介入。例如：

- 根据用户需求或目的地自动更换出行价格和产品包；

- 根据消费者的喜好或描述，自动判断应该给他们发送哪类促销邮件；
- 根据产品或会员的订阅情况，自动向客户发送产品包；
- 在客户下单一小时内安排无人机派遣包裹。

对于它的支持者来说，规范性分析技术是商业智能和商业分析领域的下一个技术革新，其自动化的系统融合了大数据、业务规则、数学模型和机器学习，可以及时为用户提供合理的建议。很多企业在制定以数据为驱动的决策时都需要系统给出实时回应，这也是自动化规范性分析产生的需求根源。无疑，所有企业现在都难逃被数据淹没的命运，不仅如此，企业还需要对收集到的海量数据进行分析。而现实是，企业根本没有足够的人手来对所有的数据进行分析，并根据分析结果及时做出决策。所以自动化规范性分析技术就应运而生了。

自动化规范性分析技术融入事件流处理组合中的系统旨在帮助用户采取及时行动。与此同时，企业也越来越多地将规范性分析技术应用到结合了 Hadoop 技术的数据仓库环境中去，这有助于企业管理多种数据源（包括结构化和半结构化数据）。具备自动化规范性分析技术的综合基础结构需要与 IT 和 CIO 紧密结合。此类高级分析技术不应该在企业内单独使用或被孤立开来。自动化规范性分析可以通过自动决策省去人类参与的麻烦。

规范性分析技术的价值

分析模型被部署在生产环境后，规范性分析可以提醒用户应该执行哪些操作以及应该避免哪些行为。根据定义，规范性分析一般应用于选项、变量、约束和数据过多，且缺乏技术支持的情况下。规范性分析技术可以为一线工作者提供他们所寻求的答案，为其呈现他们所处情境下的详细信息。例如，客户服务中心的工作人员通常依靠规范性分析来了解可以扩展潜在客户的选项、数量和条件。

规范性分析还可以根据系统决策赋予企业自动采取行动的能力。在任何一家企业，他们每天都有成百上千（甚至更多）的日常决策要制定，而这些决策制定往往都不需要人类参与。例如，在零售业，企业需要根据在线购物者的浏览记录来识别和投放广告。在这种情况下，规范性分析就可以根据具体的情景条件（在这个例子中指的是购物者在线浏览和点击的网站内容）来吸收、定义并采取最佳行动。在这里，最佳行动指的符合企业业务要求和预测事件发生可能性的行动。

利用模型对数据进行评分通常需要借助 IT 技术，通过电子邮件或其他方式发送通知一般需要借助 IT 技术中的方程式，另外还需要数据输入。一般可能缺失的信息包括业务原则、具体情境以及相对应的 IT 术语。这种情况下，IT 会询问所有可能涉及的问题，然后对模型进行重新编码——执行测试、验证信息输出，并引入适用的具体企业政策和 / 或规范性规则，之后再将模型设置到生产环境中去，进行正常运行。

虽然在一些企业中，这些步骤未必都是由 IT 来执行的，但却是不可缺少的。数据分析生命周期中的每一步（如第 1 章所述）都会增加模型开发、执行和生效的时间。在很多企业中，模型部署的时间往往都需要几周甚至几个月的时间。等到模型应用到生产环境中，一切都太迟了，要么错过了最佳时机，要么就是所开发的模型已经不再适用。

规范性分析具有发送自动指令和给出最佳行动建议的功能。不仅如此，针对一般性任务，规范性分析还可以直接执行自动化操作。在这两种情况下，规范性分析技术都可以确保当前情境下决策的相关性，这也是经过了审查和验证的详细决策流所产生的结果。随着数据量和数据种类的快速增加，以及相关技术处理数据量和数据速度的不断改进，利用分析技术采取自动化行动也会成为领域内发展的一个趋势。

规范性分析技术可以为企业提供以下内容：

- 中肯、简洁且准确的决策；
- 基于人类指令和下游应用程序 / 系统的自动化操作；
- 对商务环境的有效利用；
- 经过测验、审查且有记录的决策；
- 能够适应不断变化的情境；
- 部署及时；
- 在单一环境下进行管理的明确事实真相。

规范性分析技术流程

以分析技术为驱动的企业是指企业的决策和行动都是基于数据而不是直觉来

制定的。但是随着越来越多的企业意识到分析技术所带来的竞争优势，这种相对优势也就被削弱了。要想不断进行技术突破并保持在市场上的相对优势，企业需要不断地测试和扩展数据源，改进算法，并将分析技术应用到日常活动中，以便为企业提供预测性分析结果。

预测算法描述的是一个特定的场景，并利用历史知识来增强对未来事件预测的准确性。但是知道未来可能会发生什么与你需要做什么是完全不同的两件事。这也是为什么我们需要规范性分析。规范性分析会告知我们接下来需要做什么，并根据对未来场景的预测来提供可供选择的决策。

几乎没有什么事件是单独发生的。我们一般会通过事件之间的相互关联，来理解并判断应该采取哪些行动才能改变未来事情发生的方向。我们对此的理解深度又进一步决定了预测模型使用的充分性。正如好的药方都是根据对患者病史的全面了解和现有症状等来开具的，好的规范性决策也植根于对具体情境的全面理解。同样，正如某些药物会和某些药物产生反应，与某些药物搭配在一起无法发挥有效作用一样，我们制定的决策和采取的行动也会对未来事情发展的方向产生不同的影响。

正如大家所料，不同的情境下会产生不同的预测。如果情境发生了改变，那么事件数据也会发生改变，对未来的相关预测自然也会相应地改变。我们所采取的每个行动都会对另一行动产生影响，并改变所处的情境。我们采取的行动不仅会创造新的历史背景，而且会产生新的数据，而这些数据本身很可能并不在原模型的考虑范围之内。事实上，我们创建预测模型的目的就是为了了解未来的情况，并为此做出改变。一旦我们对情境条件和关联事件进行了修改，那么数据的本质也就发生了改变。也就是说，随着时间的增加，模型本身会退化，需要我们及时更新，从而确保对当前数据、情境分析和未来预测的准确性。

对情境的充分理解需要有足够数据的支持，包括结构化数据和半结构化数据。我们利用的数据越充分，对事件预测的准确性也就越高。在这里，大数据的价值就体现出来了，数据量越大所包含的详细信息就越多，所展现出来的情境也就越具体。大数据可以帮助我们解释事件发生的条件，也就是说事件、活动和行为发生的背景。基于多种数据类型的大数据分析可以允许我们对具体情境进行详细评估。如果大数据本身是快速数据（每秒钟发生上千事件），那么就形成了事件流。

一旦我们把大数据分析和事件流关联起来，就具备了快速做出相关业务预测的能力了，这种能力是竞争对手无法复制的。物联网（IoT）是应用自动化规范性分析技术的理性选择。

利用物联网（IoT）

物联网是和大数据关联在一起的，对不同的人来说，物联网所代表的含义往往有所不同。物联网是一系列实体事物的网络系统，包括设备、车辆、建筑物和机器等，这些实体都和电子系统、软件、传感器和网络相关联，因而可以通过互联网进行数据交流。物联网（IoT）一词是由英国企业家 Kevin Ashton 于 1999 年创造的。鉴于物联网所代表的是物理设备和系统之间的关联，所以物联网未来会生成越来越多的数据。物理设备传输的数据可以为我们带来新的机会，帮助我们对不断发生的事件进行评估，并制定相应的应对措施。根据高德纳预测，截止到 2020 年，全球将会有 210 亿件关联设备被使用。更加惊人的是，未来物联网每天都会关联 550 万台新设备，包括机器上的传感器、家庭检测系统、智能车辆上的 GPS 定位系统和健身设备等。

物联网涵盖了广泛的成熟和早期技术，包括射频识别标签、远程监控、自主机器人和被称为“智能微尘”的微型传感器。根据高德纳之前的预测，2016 年将有 64 亿台设备关联到物联网，到 2020 年这一数量将增加到 210 亿台。这也就意味着，在未来的 5 年里，联网设备的数量会增加 3 倍。

美国总统罗斯福曾经说过，“在任何一个需要做决策的时刻，你能做的最佳选择就是去做正确的事情，较差的抉择就是去做错误的事情，而最糟糕的莫过于什么也不做。”现如今，我们在做决策的时候已经不会受到信息不足的限制了。物联网的出现可以为我们的决策提供充足的信息支持。设备之间的相互关联，辅之以先进的数据收集和分析技术，都可以在企业各级管理者需要的时候为他们提供及时的相关信息。而管理者所做出的决策将会对企业的操作和业务性能产生深远且持久的影响。

如图 6.6 所示，互联网现在已经深入到我们生活的各个方面：我们的住所、自动售货机、工厂设备、汽车和安全系统等。处于相互关联的世界更加智能，而且具备改变我们日常生活和企业运营的潜力。表 6.3 中所列举的实例展示了不同行业是如何从融合了自动化规范性分析技术的物联网中获益的。

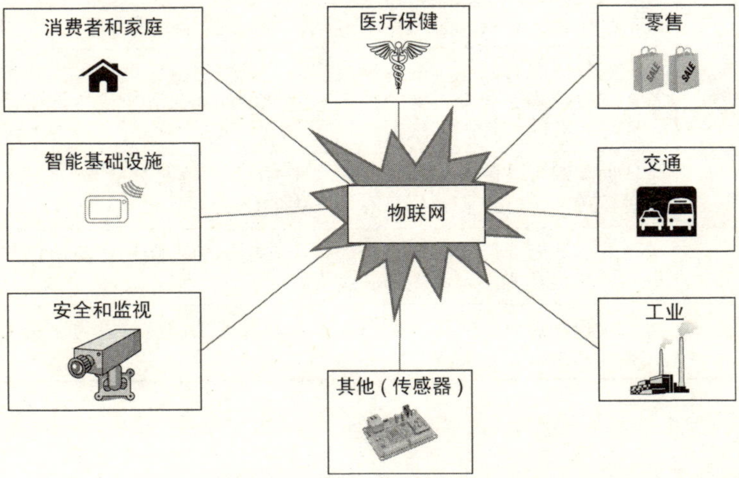

图 6.6　物联网设备关联

当然也有不利的一面，随着物联网的发展，探测器和传感器使用的增加也会刺激黑客和网络犯罪活动。黑客也会利用这些设备入侵其他系统。许多传统的诈骗检测技术已经不再适用，因为仅仅识别和检测单一事件或异常现象是远远不够的，还需要根据特定的情境对系列事件进行监测。要确保物联网中的网络安全，就需要不断对数据进行分析，并对流数据事件进行单独管理和分析。我希望可以借助高级分析技术中的检测和事件流处理功能来改善网络安全问题监测和预防。物联网所生成的海量数据也是网络安全所面临的一项挑战。另外，物联网还需要证明其本身的价值。毕竟，在企业的生产环境中应用物联网还存在一定的局限。

在物联网应用中引入规范性分析的案例比比皆是，如通过收集推文、博客和帖子来对社交媒体进行分析，消费者推荐的产品和服务，用户登录期间的安全和监督，以及数据存取和数据安全等。规范性分析不仅可以揭示事件中存在的模式，还可以自动采取行动，预防不必要的结果出现。规范性分析技术可以发送警报、通知、更新战情室仪表板以及为其他对象提供行动指导，鉴于以上功能，我们对实时行动的需求也越来越大。

表 6.3 物联网在不同行业中的应用

行业	物联网使用
消费者	美国家庭共有5亿关联设备，包括互联网服务、移动设备设备、平板电脑、监控报警系统，平均每个家庭拥有5个智能应用程序
医疗保健	发生危急情况时，患者的智能监控系统可以提醒家庭、医生和护士；胰岛素注射跟踪器和处方药会根据患者健康的实时分析进行调整，这可以改善对患者的护理和健康管理
制造业	这是物联网领域的领先领域。在未来5年内，机器对机器的设备关联预计会增长30%，促进实时信息对生产力的优化
零售	自动下单补充商店库存，路边提货，并根据店内购物体验增加其他商品和产品；建立客户忠诚度和满意度
交通	大约2400万辆汽车配有导航系统和互联网连接，这可以为道路上的用户搜索定位附近的景点

认知分析

上一节探讨了描述性分析、预测性分析和规范性分析。超越规范性分析的还有认知分析（见图 6.7）。认知分析把认知计算和高级分析与拟人智能相结合。我们首先来了解下认知计算。认知计算具备访问海量历史数据（结构化和半结构化数据）的能力，可以通过应用机器学习算法来发现信息片段和人机互动之间的关联和关系，并将发现的“知识库”作为发掘、决策和深度学习的引擎。认知分析主要是利用认知计算来模拟人工智能。不出所料，认知分析主要借助数据、自然语言处理、概率推理、机器学习和其他技术进行有效的情境分析，挖掘海量数据中潜藏的近实时信息。

认知分析致力于从所有数据源获中提取信息，包括传统数据和半结构化数据，如电子邮件、视频、图像和传感器数据，以及来自互联网的各类信息，如社交媒体帖子和学术研究文章。认知分析可以帮助用户分析人类大脑无法处理的数据。认知系统的优势在于，它可以借助反馈回路机制，在与数据和人类的互动中借助深度学习来适应变化的环境，让自己变得更加“智能”。此外，认知计算还可以利用先进的数据处理技术以及大规模并行和分布式计算功能，提高分析技术的灵活度，快速应对复杂问题，帮助用户更好地决策。认知系统可以通过搜索知识库中的信息，解读具体情境，对概率最大的结果进行计算，以自然语言的形式实时应对复杂问题。随着开发者和用户对认知系统的持续“训练”，系统本身提供的答案也会更加可靠和准确。后面会介绍相关使用案例。

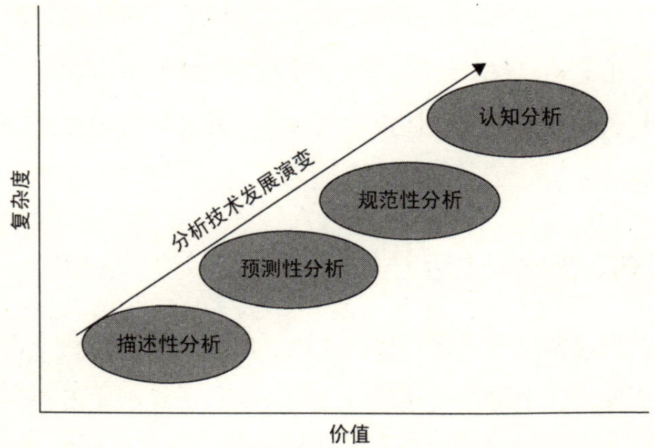

图 6.7 认知分析、规范性分析、预测性分析和描述性分析

从图 6.7 中可以看出分析技术的发展演变历程。如图所示，技术本身的价值是和其复杂度成正比的。描述性分析最为简单，其价值也最小。预测性分析可以带来更多的价值，但同时技术本身也相对更加复杂一些。而结合了描述性分析和预测性分析的规范性分析，其价值和复杂度都要大很多。最为复杂的技术是认知分析，但同时其所带来的价值也是最大的。

随着计算效率和功能的改进，认知分析也已成为探索数据和制定决策的理想之选。机器学习算法可以应用于所有数据，进行历史趋势和实时行为分析，预测结果和最佳应对措施。通过整合和利用物联网中的信息，认知算法可以按照自动化的方式进行部署。当然，并非所有的应用程序都应该设置为自动化，让机器来决策，但是借助机器来自动探索和分析你的海量数据，并获取有意义的预测是存在一定的合理性的。

认知分析评估

在现代商业环境中，拥有基于数据见解自动采取行动的能力可以帮助企业获得独特的竞争优势。针对认知分析和其未来发展，业内的 IT 专家、分析师、供应商和系统集成商分别给出了他们的见解。

推动创新

认知分析可以推动人员、过程和技术方面的创新。参与过程的人员包括计算机程序设计员 / 开发者、数据科学家和分析人员，他们知道如何开发算法以及将认知分析应用到认知系统中获取情报。认知系统随后就可以提供以数据为驱动的信息，并推动创新了。

改变我们的业务、工作和生活

移动设备的出现和物联网的迅猛发展已经改变了我们做业务、工作和生活的方式。我们在业务流程中引入认知分析之后，可以通过利用内部和外部资源，将数据转化为资本。这有助于提高用户对工作流程、具体情境和所处环境的理解，帮助用户长期学习，进行更好地预测，并提高企业运营效益。举例来说，我本人就一直在使用移动手机来提醒我需要办理的各种事项，包括预约、视频会议、会谈、检查市场库存以及在线更新公司信息等。你还可以使用移动设备或平板设备来给同事和客户发送提醒，告知他们重要的业务机会或产品选择建议。认知分析通过提取移动设备和物联网上的数据点来丰富算法，改进智能机器。

认知分析应用的案例包括亚马逊公司的 Alexa、苹果公司的 Siri、IBM 的 Watson 以及微软公司的 Cortana。鉴于移动设备应用范围的不断扩大、物联网的发展和机器对机器交互使用的热潮，市场上认知分析代理商的数量不久之后就会发展到上百万。这些代理包括可以在生活中各个方面为用户提供帮助的虚拟个人助理。这将为其与科技世界（如社交媒体技术）接轨奠定基础，并改变我们的日常生活。

整合合并吸收所有数据

认知分析可以汇聚并整合所有类型的数据，用于分析、人际交往和数字信息。认知分析可以获取交易历史记录、在线互动、地理空间数据和企业忠诚项目中的客户模式信息，并且可以从可佩戴设备（如 Fitbit 和智能手表等）中获得颗粒度级别的数据。这些数据点为我们提供了多方面的数据详情，包括语气、情感、情绪状态、环境和人际关系，这些数据价值是很难通过分析获得的。通过不断学习这些收集到的数据，可以增加数据本身的价值和可靠性。认知计算过程会对不同数据源进行持续分析，包括媒体流、物联网传感器数据和其他非传统数据源。对于认知分析来说，开源数据是一种比较完整的数据类型。此外，在线社区数据可以为认知算法提供关键的数据点，提高其准确性和灵活度。随着数据文本的不断丰富，认知分析也变得越来越智能，可以为用户解答更多的问题。

数据分析自动化

认知分析可以通过自动监测、感知深度模式和关联，帮助机器学习了解并应用新的理论和概念。在当今世界，数据的数量在不断增加，种类也越来越多，其增长速度也越来越快，认知分析的自动化概念可以提供强大的计算能力和高级分析功能，对机器学习来说是至关重要的。

强化管理

随着越来越多的业务流程在应用认知分析，认知分析也在执行越来越多的操作决策，这就需要企业完善合规性，加强管理。企业也开始执行更加完善的法律法规和政策要求，用于管理技术的合规性和风险，便于处理和审核问题。在认知数据共享、决策直线跟踪和计算机算法问责方面，企业对相关框架的要求也越来越高。

此外，认知系统的内部管理中还包括对安全、隐私和知识产权的保护。

适用于数据科学家的技能组

《哈弗商业评论》（*Harvard Business Review*）的一份报告显示，数据科学家的工作现已被公认为是21世纪最“性感”的工作。随着认知应用的不断发展，对拥有相关技能的数据科学家的需求也越来越大。他们可以在Hadoop、R和Spark等开源技术中很好地结合统计建模、计算编程技巧和相关专业知识。等到认知分析技术变得更加成熟，我们就会需要行业内的专家来帮助企业解读相关技术要求和需要。

扩大服务需求

每个行业以及行业的专业知识都在以迅猛的速度发展，让人难以保持同步。开源技术、新协议、最佳实践、新的法规和政策，这些都需要不断改进和完善，才能为我们带来新的使用功能。一些想要探索和使用认知计算和分析的企业可能需要向外部寻求相关专业知识的支持。前面讨论了云计算可以提供的服务，类似的服务认知分析技术也可以提供。本章随后，将讨论“一切皆服务”（XaaS），它适用于外包数据科学家、计算机程序设计员、行业咨询师和项目管理员的需求，并为其提供企业内部无法获取的资源。

需求定制化

每个人都喜欢拥有根据我们的喜好和需求定制的事物。例如，在发送推销邮件的时候，你一般都会加上一个称谓、姓名和详情链接。认知技术应用可以借助更加自然的互动如声音和视觉识别等把个人定制化推向新的高度。另外，我们的个人系统也会通过互相沟通，并基于共同的社区和品味来创建集体智能。分析师和 IT 专家预测，未来越来越多的分析技术会被用于分析活动所处的地理和时间情境中，并根据对具体情境的分析，提供应对建议。

关于认知分析技术的使用，现已出现了很多理论，而这些理论最后都有可能成为真实的使用案例。

使用案例

不得不承认，在我研究和学习认知分析技术的过程中，不同行业的企业对认知技术的使用设想让我惊叹不已。我研究过医疗保健行业将认知分析技术应用于安全保护的一个案例。在这个案例中，医疗保健企业可以利用认知分析来揭示潜藏的模式，并根据汇总的患者就诊记录、保险理赔、社交媒体趋势、旅行模式和新闻推动等来挖掘新机会。在另一个领域内的相关应用案例中，医生或护士可以利用认知分析来快速扫描医学期刊、临床医师诊断记录、病人病历和其他文件，寻找高度相关的信息，从而提高诊断的准确性或治疗方案的有效性。每个人一生中都有可能会产生以拍字节为单位的数据量。认知分析的作用就是帮助诸如医疗保健等行业紧跟科技发展的步伐，并帮助提高医生和护士的专业表现。由于这些系统都具备相关领域的专业语言知识，如医学、医疗过程和医疗实践方面的专业术语，所以这有助于缩短专家或医学毕业生学习适应的时间，帮助其快速发展成为领域内的专家。

在石油行业，远程监控油田时会产生大量的流数据，应用认知分析技术可以帮助其自动执行相关操作。这有助于降低操作和维护成本，帮助公司专注于战略性任务的制定上。在数字油田领域，一个单一的系统就可以捕捉来自油田流量监控器、地震传感器和卫星遥测系统中的所有数据，这些电子设备都是物联网网络中的一部分。捕捉到的数据之后会被传输更新到实时操作中心，进行异常现象的监测和分析。在分析过程中，系统可以自动调整参数来处理异常情况，预测停机时间，并根据预测信息采取行动，从而优化生产，最大限度地减少停机时间。不仅如此，反馈回路机制可以对系统进行训练，让系统可以在未来发生类似状况时自如地应对。

在制造业，一些创新型公司通过执行复杂的分析来判断有多少客户愿意为产品的特定功能买单，同时分析可以帮助取得市场成功的产品特征有哪些。例如，某个制造商利用从传感器和探测器（这也是物联网中的一部分）中收集到的客户数据，来取消不必要的产品功能。认知分析可以帮助判断哪些产品功能具有更高的价值，客户也愿意高价购买。

最后，任何拥有客户服务中心的零售企业也可以利用认知分析技术。认知系统可以提取产品描述、客户评论、销售记录、社区博客和育儿杂志信息，帮助客服人员快速回应客户关于婴儿和婴儿产品的询问。任何一位和我一样刚刚成为妈妈的人都希望给自己的孩子选择最好的产品，他们自然就会有很多关于产品安全、流行度和使用方面的问题和顾虑。认知分析的其他使用领域还包括物业管理，物业管理下的建筑通过物联网中的传感器和探测器关联在一起，用以帮助节约能源消耗，增强业主的安全，并对建筑进行预防性维修。

这是一个让人感兴趣的领域。随着分析技术、数据管理、机器学习和自然语言处理等技术的不断发展，我也怀着极大的热情一直关注着认知分析技术所取得的进步。

未来发展展望

认知分析还处在发展的初期阶段，而且已经发展成为领域内的主流技术，但其出现绝不是以取代传统信息和分析程序为目的的。传统的分析和数据管理系统主要通过一系列预先确定的过程来实现特定的数据分析结果。虽然传统的分析技术已经相当成熟和强大，但它们是基于结构化数据发展起来的，无法处理定性或不可预测的信息输入。这就使其无法灵活处理复杂世界中出现的众多不确定问题。认知系统可以帮助改善传统的信息和分析程序。

企业可以利用认知分析来快速探索传统数据和半结构化数据，如利用文本文档、图像、电子邮件和社交帖子等，获取有用见解，而不是无视这些小范围多格式数据。认知系统具有概率性，也就是说系统可以根据具体情境做出调整，能够有效分析理解复杂和不可预知的半结构化数据。认知系统可以“阅读”文本，“看懂”图像，“辨别”自然话语。系统不仅可以理解信息，组织信息，而且可以根据系统本身的原理提供对信息的解释。认知系统虽然不能提供确切的答案，但可以提供能够引出正确答案的信息。系统还可以基于多种信息源对信息进行权衡，并得出相应的假设供用户参考。认知系统会对每个潜在见解或答案进行可信度评估。如果企业需要从涉及多种数据源的海量数据中实时获得潜藏的答案，那么着手创建认知分析功能将会是一项明智的战略决策。

认知分析可以为你我，也就是信息科技的消费者提供个性化的服务。所有人都有各自的生活习惯，而认知分析的结果可以揭示我们的偏好和已有的生活模式。虽然人类在理性和决策制定方面通常难以保持一致和统一，但是认知分析可以通过跟踪决策制定过程和决策结果评估，帮助我们提高企业和个人决策的质量和一致性，在不同企业和个体之间共享最佳实践。最后，认知分析还可以提高知识的共享，可以为相关度高的重要问题快速提供答案。分析技术就是通过询问并解答问题，以较低的成本获得高质量的分析结果。这些问题一般是围绕如何增加企业价值和数据信息，帮助制定以分析技术为驱动的决策。

一切皆服务（XaaS）

前面介绍了大数据和大数据在市场上的发展。云服务的不断普及也为我们带来了一系列服务（SaaS、IaaS 和 PaaS）。除了云服务之外，市场对“一切皆服务”即 XaaS 的需求也在不断增加，用以支持端到端数据管理和分析项目。市场对 XaaS 需求的增长对大数据的发展起到了关键的推动作用。埃森哲咨询公司关于 HfS 的一份调查报告显示，53% 的高级副总裁及以上的高管都认为 XaaS 在企业中发挥着关键作用。在国际数据公司（IDC）的另一份报告中显示，大数据技术和服务市场代表着一个数十亿美元的市场机会，到2019年，其市场价值会超过480亿美元。从这个角度来看，这无疑会刺激服务供应商以组合或单品的形式向市场提供软件、基础设施和平台服务。企业也可以从中获益，用XaaS来取代通常由一个或多个IT部门或公司支撑的传统服务。

借助XaaS的解决方案，客户可以以较低的成本价格从同一个供应商那里获得多项服务，通常是通过订阅的方式，也不需要涉及资本投入。这种方式不仅便于客户操作，而且还可以为客户提供一站式购物。如果某项服务出现了问题，客户只需要与提供服务的公司联系就可以了，而不需要同时联系多个供应商。

使用XaaS商业模式的公司会发现，XaaS的相关服务大多是即插即用的，非常便利。这种模式尤其适用于初创公司，他们无须花时间采购服务，管理多个合同以及执行采购过程，这就降低了初创公司启动业务的成本。XaaS不仅可以帮助降低业务启动成本，而且可以提高新业务模式开发和测试的效率。借助XaaS，企业可以把精力集中在通过帮助客户来提高效益方面，而不是将时间浪费在基础设施和资本管理上。托管服务的本质可以为企业提供最新的技术和产品开发信息。

此外，XaaS具有高度灵活性，公司可以根据特殊时期的需求进行缩放，这也是应用XaaS的一个优势所在。XaaS服务供应商可以帮助维持客户和供应商之间的关系，通过促进双方的交流来确保实时信息的共享。这种关系模式可以为企业节省几周甚至几个月的时间。

应用XaaS的另一个优势就是可以省去中间人环节。XaaS模式几乎改变了一切，它不仅接管了应用程序，而且改变了服务传递渠道，省去了传统的中间人环节。物联网和流动性已经成为企业运营的新规范和标准，人们可以随时随地，在任何地方获得服务，访问应用程序。

XaaS可以帮助加快上市和创新时间。对于企业来说，如果他们刚刚部署了一套软件或硬件，却发现几个月后市场上就出现了新的或更好的软件或硬件版本，这让他们觉得自己已然在技术方面落后了，这种感觉我想没有人会喜欢。借助XaaS，系统可以对收集到的客户反馈进行快速分析，从而实现实时创新。企业（和企业客户）可以通过最小的投入来保持在数据管理和分析技术方面的领先地位。这正是XaaS不同于传统IT方法的地方，而且传统的IT从业者现在仍然倾向于自己动手创建和开发产品。当然，有些情况下大型企业可以创建自己的 IT，但是这需要大量的资金投入，而且很容易让企业故步自封。鼓励应用程序开发的开放源和集成环境正在蓬勃发展。企业领导者和创新者可以借助此类服务来保持企业在市场上的领先地位。

虽然 XaaS 商业模式拥有众多优势，而且可以帮助减少风险，但它同样需要用户借助物联网访问网络。网络连接是支撑 XaaS 价值和发展的关键。XaaS 的所有相关服务都依赖于一个强有力的网络，才能提供系统本身要求以及终端用户所期望的可靠服务。企业在向 XaaS 转变的时候，一定要考虑到网络这一因素。如果不能确保可靠、稳定且高速的网络连接，就会导致用户体验下降，服务质量受损。另一个重要因素就是要聘请合适的 XaaS 供应商，确保他们具备正确的技能和专业知识。在麦肯锡咨询公司公布的一份名为《大数据：下一个推动创新、竞争和生产力的第一要素》的报告中，他们指出了企业现在所面临的一些重要挑战，如企业缺少受过良好训练的分析师，不能有效分析大数据环境下的所有信息。报告指出，单是美国一个国家就短缺 14 万到 19 万具备资深分析技术的专业人员，以及 150 万可以进行大数据分析并根据分析结果制定决策的管理人员和分析师。

在当今这个便捷的世界中，XaaS 可以帮助减轻数据管理和分析项目的推测任务，为企业节约资源和时间。企业不仅需要配置合适的人才和技术，而且需要具有结构化的工作流程，以便优化大数据的使用。获取数据是关键，企业需要不断整合多种数据源尤其是第三方的信息，将数据整合在一个统一的架构中，充分挖掘数据的价值。XaaS 可以在多个领域为企业提供人员、过程和技术。下面介绍一些常见的 XaaS。

CaaS

CaaS（沟通即服务）中的 C 指的是“Communications”（沟通）。企业可以把所有的共同需求外包出去，包括网络语音（VoIP）、即时通信、协作、电视会议和其他沟通需求。在 CaaS 中，供应商会负责所有硬件和软件的管理。服务供应商一般是按照提供的服务进行收费，所以企业只要按需支付费用即可。和其他服务一样，CaaS 是一种灵活的服务模式，可以随着企业沟通需求的增加不断进行扩展。

例如，如果服务供应商可以提供电视会议产品，那么用户就可以通过物联网注册登记，然后使用产品了。供应商随后会根据用户的使用情况寄出相关费用账单。由于 CaaS 和同类产品使用的便捷性，其相关服务也在快速发展。这也是云计算服务和其他远程服务发展的一大趋势，可以帮助企业减少人员开支，优化业务流程。

DBaaS

DBaaS（数据库即服务）中的 DB 指的是“Database”（数据库）。DBaaS 主要为用户提供访问数据库的途径，一般是通过互联网，不需要用户创建硬件、安装软件或者其他配置。服务供应商负责管理和维护与数据库相关的所有工作，用户或应用程序所有者只需要使用数据库就可以了。当然，如果用户希望拥有更多的数据库管理控制权，也可以和供应商协商。

本质上，DBaaS 是一种托管服务，帮助用户访问数据库，并将数据用于相关应用程序。相比于存储即服务（storage-as-a-service），DBaaS 是一种更加结构化的途径，而且其本质上就是一种软件供应服务。在 DBaaS 模式中，用户需要根据所使用的容量、功能和数据库管理工具情况进行付费。

DRaaS

DRaaS（灾难恢复即服务）中的 DR 指的是“Disaster Recovery”（灾难恢复）。这是一种备份服务模式，为企业提供相关资源，保护企业的应用程序和数据免受破坏。此类服务也可以在现场提供。供应商可以给企业提供一套完整的备份系统，为系统故障提供保障。图 6.8 概括了企业业务运行过程中可能会遇到的故障问题，其中人为因素占据遭难恢复事故的 60%，随后是系统意外更新和补丁，占据 56%，排在第三位的是服务器机房故障，占据 44%。

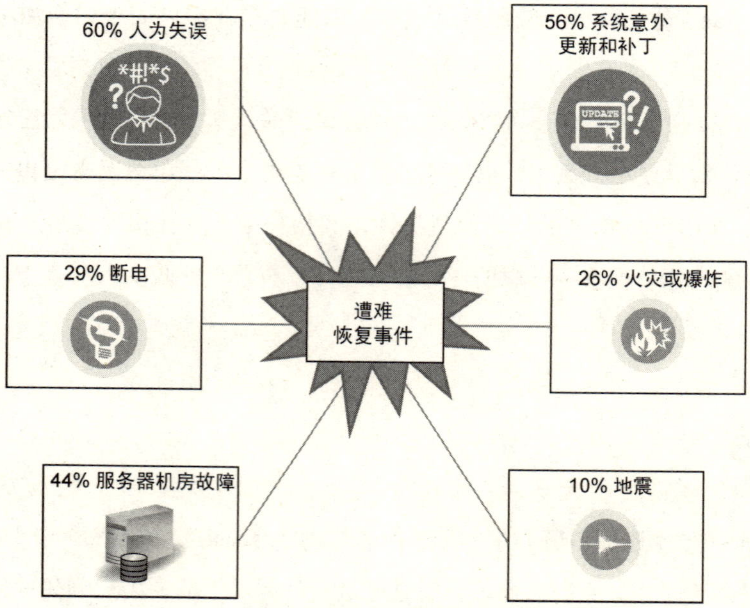

图 6.8 灾难事件的类型

DRaaS 供应商在针对企业需求为其创建和部署了灾难恢复计划之后，随后就可以帮助企业测试和管理公司的遭难恢复程序了，以确保遭难恢复程序的有效性。企业一旦遭遇灾难，DRaaS 供应商也可提供恢复服务。DRaaS 可以提供云端数据和应用程序的全部备份，并且可以作为辅助基础设施使用。企业的主要基础设施在修复期间，辅助基础设施就会提供新的运作环境，企业用户可以继续执行日常业务。

MaaS

MaaS（监控即服务）中的 M 代表的是“Monitoring”（监控）。MaaS 框架可以促进对各种其他服务和应用程序监控功能的部署。MaaS 最常见的一个应用是在线状态监控，可以对特定的应用程序、网络、系统、实例或可能在云端部署的应用进行持续监控。状态监控已成为 MaaS 使用最广泛的一项功能了，可以按照某套度量或标准对某个组件实行全面监控。状态监控会对组件的特定方面进行持续评估，评估结果通常会实时展示或定期在报告中更新。例如，系统可能会对特定时期内的超时请求进行评估，然后判断其偏离值是否在可接受范围之内。管理员随后也可以采取行动，纠正错误，甚至可以采取实时应对措施。状态监控功能已经变得十分强大，因为监控通知可以通过各种途径发送，如电子邮件和文本信息，也可以在社交媒体上发出警示，如脸书上的推文或状态更新。

AaaS

如果企业的项目涉及数据库、内存分析、Hadoop 和大数据分析，那么我强烈建议你们使用 AaaS 服务。AaaS 代表的是“Assessment as a Service”（评估即服务），服务供应商的咨询顾问可以对企业的数据管理和分析程序进行现场评估。咨询顾问会和企业的 IT 和业务人员对接，共同分析企业数据仓库基础设施，并对分析实践进行评估。评估过程一般会持续两到五天。评估的主要目的是为了审查以下几方面的内容。

- 业务要求、时间规划和影响成功的关键因素。
- 数据管理和分析环境之间的当前及规划的互操作性，包括关注领域。
- 用以支持业务重心的操作数据源。
- 分析和商业智能优先权、战略、过程和缺口。
- 用于数据管理和分析的技术。
- 用以优化分析和数据管理生态系统的最佳实践。
- 软件、硬件和过程改善方面存在的培训缺口和机遇。

在执行评估之前，企业需要向咨询顾问提供一些信息。顾问会提供给 IT 和业务部门一个问题清单，主要涉及效率、生产力、精确度、准确性、授权、法律合规性、时效性和成本节约。每个问题的回答都为分析企业当前环境提供一个衡量标准，并决定着 IT 和业务部门内部的价值。评估过程是企业和服务供应商双方均衡合作的结果。

在评估过程中，咨询顾问会和企业内部的多个人员交流，包括数据库管理员、数据建模师、数据科学家、统计学家、业务分析师和终端用户。根据评估的时间规划，每个企业都会有一个定制的日程表。例如，如果企业的评估规划是三天，这也是最普遍的评估时间，那么企业的日程一般包括如下内容。

- 第一天——咨询顾问和 IT 人员面谈。

- 第二天——咨询顾问和业务人员面谈。
- 第三天——咨询顾问与 IT 和业务人员面谈，并分享分析结果，提供指导意见。

在评估的最后阶段，企业会得到一份技术指导文件，包括应用和安装数据库技术、内存分析技术和 / 或 Hadoop 技术的短、中、长期行动和战略指导。事实证明，很多企业在执行了评估之后，对企业数据业务和 IT 环境的创新、改变和改善都起到了重要推动作用。

很多客户表示，执行评估的咨询顾问就像是 IT 和业务部门之间的婚姻顾问。他们作为外部的独立第三方，为企业指出了很多被内部员工轻视甚至忽略的问题。他们从不可知论的角度，为企业的 IT 和业务部门带来了新的见解和方法。不仅如此，这些咨询顾问还给企业带来了行业内专有应用程序的实践经验，帮助企业整合和解决复杂的分析和数据管理问题。在评估结束后，企业一般还会再次邀请这些顾问来为企业员工提供实践培训，或者为其他部门执行新的评估。

XaaS的未来发展

随着物联网的不断发展，在某种程度上，所有的企业都会成为科技公司。而创新型企业就需要不断开发新技术产品，并提供相关产品服务。对于那些非信息科技公司，XaaS 可以为这些企业提供新的解决方案。企业可以借助 XaaS 与专业公司建立合作，来开发相关功能，专业公司也可以为企业用户提供专业知识培训。企业可以更快地开发新产品和新服务，并赶在竞争对手之前在市场上推出。“一切皆服务”现已成为很多企业转型所关注的焦点，而在未来，XaaS 也会成为企业的一项战略目标。XaaS 为企业客户和服务供应商创建了一个全新的范式。

通过把这些服务外包给专业的供应商而不是采取传统的企业预置方案，企业就可以在短期内获得总拥有成本。总的来说，很多企业都在考虑或已经采用了 XaaS 模式，这不仅可以让企业获得总拥有成本，而且把一个需要精力维持的麻烦事项转变成了更加可控和易得的服务。传统上，数据仓库、业务分析或商业智能等这些 IT 项目一般都会遇到延误和超支的问题。企业也不知道项目进行到最后会是什么结果，这不仅超过了预期的时间，而且还超出了预算。但是如果采用

XaaS，上述问题就会有所减缓，相关风险也会减少。尽管使用 XaaS 会削弱企业对整个项目的控制权或控制范围，但对很多企业来说，XaaS 模式本身所具有的优势让存在的这些不足显得微不足道。

结语

在这个经济全球化的复杂社会，价值越来越多的来自数据、信息、知识和服务，因此制定以数据为驱动的决策至关重要，也是我们所面临的一大挑战。但是直到现在，我们还是无法有效地在整个数据生命周期，即数据探索、数据准备、模型开发和模型部署这四个阶段对数据进行有效的分析。

数据库处理技术为我们在数据库和企业数据仓库中直接分析数据提供了可能。该技术把复杂的分析计算转移到了数据库引擎，并直接利用数据库管理系统中的资源，从而可以在数据分析生命周期中直接进行数据准备和分析。数据库处理技术的优势在于消除了数据复制和搬运的麻烦，从而精简了决策过程，提高了效率，把数据处理时间从数小时缩减到了几分钟，并最终通过可扩展、高性能的平台快速获取分析结果。内存分析技术是另一个处理大数据问题的创新性技术，主要是借助内存分析引擎，来快速应对复杂的分析问题。内存分析技术是进行数据探索和模型开发的理想之选。数据导入内存进行分析，处理完成后再刷新。针对大型数据集，还可以创建专门的内存算法和应用程序来处理大容量数据模型。这些技术在本质上都是互补的，并不是每个单一的功能都可以在数据库或内存中运作。

Hadoop 技术是一项新兴技术，用于管理传统数据源以及新的半结构化数据类型。Hadoop 是项开源技术，可以在分布式环境中快速存储和处理超大数据。鉴于其在数据架构中的灵活性以及较低的投资成本等优势，Hadoop 现已成为现代大数据架构中一个重要的组成部分。尽管人们对 Hadoop 存在很多误解，导致对技术本身产生了过高的预期，但 Hadoop 确实可以为我们提供一个支持新数据源的平台，从而改善数据管理和分析过程。

通过整合数据库技术、内存分析技术和 Hadoop 技术，可以为企业提供一个协作和谐的数据架构，帮助处理结构化和半结构化数据。不同行业内的企业，他们都根据各自的需求来充分利用每项技术给带他们的优势。从公共领域到私营部门，越来越多的企业正在利用新技术，帮助他们更好地管理数据，借助分析技术实现创新，并基于由分析获取的信息进行决策制定，创建并维护企业在市场上的竞争优势。协作的数据架构通过把数据管理和分析整合到一个具有凝聚力的环境，来提高性能，降低成本并加强管理。各项技术得到整合后，企业就可以从爬行到行走，再到疾走和奔跑，一步步走向成功。这正如希腊哲学家亚里士多德所说，“整体大于部分之和。”

如果让我给你们一个建议，那我一定强烈推荐你们去回顾前面所介绍的企业使用和成功案例。这些案例不仅提供了很多可供你们参考的信息，而且包含了很多技术（数据库技术、内存分析技术和 Hadoop 技术）使用方面的最佳实践。也恰恰是这些使用案例验证了上述技术的有效性，证明了这些技术可以为企业带来战略价值，并为企业创新提供数据分析方面的见解。不论你是企业高管、业务经理，还是业务分析师、开发人员 / 编程人员，抑或是数据科学家或 IT 专业人员，学习这些案例都可以给你带来一定的启示，帮助你根据需求做出正确的选择。在介绍新概念和新技术的座谈或其他演讲活动中，人们要求最多的就是了解一些企业成功案例和使用案例。即使是当我和企业内部销售人员交流的时候，他们也总是希望我跟他们分享一些使用案例，便于他们同客户和潜在客户沟通，让他们了解其他企业是如何使用这些技术，并借助这些技术取得了哪些有形和无形的效益。

就数据分析来说，我们现在所掌握的也不过是些皮毛而已。数据管理和分析未来的发展一定会是十分惊人的。企业也希望把精力放在一些新的技术领域。有些企业可能已经设置了安全应用程序，但是又出现了新的安全威胁，所以他们需要不断升级或探索新方案，来预防欺诈和网络攻击。对于另一些企业来说，他们所关注的新领域是云计算和云服务。如果你正在考虑远程数据中心、虚拟应用程序，或者把企业缺乏专业知识的服务外包出去，那么这两者是相辅相成的。另外，规范性分析和认知分析则是应用了自动化和机器学习的两个重点关注领域。

随着物联网的发展，规范性分析和认知分析也在不断成熟。这两项技术的进步在本质上是很复杂的，但是它们所带来的价值和诱惑也是巨大的。最终，企业也会借助规范性分析和认知分析来获取立足未来多变复杂世界的远见。这种洞察力和远见对企业领导者来说是至关重要的，可以帮助他们在所在行业实现创新，如复杂的财务模型、药物开发、帮助治疗疾病的新科学方法，或推出新的产品或创立新公司。规范性分析和认知分析可以揭示数据中隐藏的复杂模式，发现新机会，并制定可操作的假设，这是借助传统方法或单独依靠人类智力而无法实现的。规范性分析和认知分析都需要具备一个灵活的基础架构，可以根据所在行业的需求进行扩展。这个基础架构必须把相关人员、过程和技术关联在一起，用以支持涉及多种数据集的数据管理和分析应用程序，为数据生态系统中的数据科学家、程序员和开发人员提供帮助。就认知分析而言，还必须包括机器学习、推理、自然语言处理、语音和视觉、人机交互，以及对话和叙事生成等。很多相关功能都需要有专门的基础设施做支撑，这些基础设施可以充分利用高性能计算、专门的硬件平台和具备技术专长的特定资源。人员、过程和技术都应该同步发展，硬件、软件和应用程序也需要协调创建，才能支撑企业目标和日常运营。对我来说，本次旅程到此就要结束了，我很期待下一次的探险，希望可以在数据管理方面帮助读者改善性能，节约成本，加强管理。

后记

以数据为驱动并充分利用数据分析技术对企业的成功至关重要，这已经成为所有企业的共识了。然而，要实现以数据为驱动并按照要求创建分析技术对企业来说依然存在困难。其中一个原因就是数据越来越复杂，数据量也在不断增加，而且在分析过程的创建方面也存在困难。要成功捕捉、分析和利用所有数据，并基于数据为决策提供依据，这对企业来说绝非一件易事。

我职业生涯早期采用的方法已经不再适用于当今的世界了。企业如果不充分利用最新的工具、技术和分析，它就无法成为一家以数据为驱动的公司。这听起来虽然有些吓人，但绝不是危言耸听。事实是，已经有很多企业成功地采用并实施了当下的很多最佳实践。如果你能够拿出足够的时间来学习，那么你同样也可以做到。阅读完这本书，你就已经跨出了第一步了。

在本书中，Tho Nguyen 为我们详细介绍了数据生命周期，用于进行数据分析的几项关键技术和架构，以及如何把这些技术关联起来。正如 Tho 所指出的，对于具体的数据类型、分析需求和企业问题，永远都不会只有一个“正确”答案。对于当今异常复杂且不断扩大的数据分析来说，这让我们无可奈何。但是，虽说没有单一的“正确”的答案，却并不意味着我们就找不到一个合适的答案。相信通过利用在本书中所学到的，并对企业需求进行充分评估之后，你一定可以为企业制定一套合适的方案。

这本书还针对所讨论的技术，为读者提供了一些企业的使用案例。这些案例让技术本身的价值展现得更加明朗，同时也有助于对比不同应用方法之间的优势和不足。我一直认为，帮助理解一项技术或架构使用的最佳方法，就是在审视它在现实世界中是如何被应用的。通过提供相关案例，Tho 为他所阐述的观点创建了坚实的现实基础。

尽管日益复杂的分析环境在某种程度上让我们的生活变得更加困难，但同时也为我们带来更多的自由。正如 Tho 所指出的，一套针对企业数据问题的恰当解决方案通常都会涉及多个不同的平台和处理方法。单靠内存分析无法解决当今企业所有的问题，数据库处理技术或者便宜的大容量磁盘也同样做不到。根据数据分析的类型、数据量的大小和所面对问题的价值，企业往往需要采用多项技术。企业需要把多项技术和方法整合在一起，充分发挥每项技术的最大优势，而不是只从中选出一种。

对企业来说，重要的不是技术本身，也不是数据本身，而是技术和数据可以为我们带来什么。这也正是本书探索出来的真正价值所在。正如书中的实例所揭示的，本书所介绍的方法不能帮助企业逐渐提高分析能力和性能，而是致力于帮助企业实现分析性能的巨大飞跃。

这些技术的优势不在于将当前的分析过程从很多周缩短到几周，从好几天缩短到几天，从好几个小时缩短到几个小时，虽然这就足以让很多企业行动起来了，但是这样的进步在本质上依然是循序渐进的，而且在多数情况下也并不会改变事情的本质。恰恰相反，这些技术能够做到的，是把分析过程从好几周缩减到几个小时，从好几天缩减到几分钟，或者从好几小时缩减到几秒钟。

只有这种级别的性能的提高才可以为我们带来在深度、广度和频率上都完全不同的分析。也只有这种程度的进步才能够帮助我们真正实现以数据为驱动的目标！书中所讨论的益处都是真实的，这些都是我亲眼见证的。如果不是因为篇幅有限，Tho 可以列举更多的实例。而且他在书中介绍的实例也都并没有丝毫夸大，他只不过从众多实例中选出了几个比较有代表性的。只要稍作调查，你自己就能找到很多实例。

如果你希望让企业取得最大限度的成功，成为一家以数据为驱动的公司，那就建议你认真考虑并采用书中所介绍的一种或多种方法。这些方法都是经过世界上最为复杂，也最为成功的大型企业验证过的。Tho 很幸运，能够亲眼见证这些方法在现实中被验证。阅读完本书后，建议你充分利用 Tho 在书中提到的建议。相信你和你的企业都会从中受益良多。

比尔 · 弗兰克斯

美国天睿公司首席分析官

《驾驭大数据》（*Taming the Big Data Tidal Wave*）

和《分析革命》（*The Analytics Revolution*）的作者